먹을수록 가벼워지는

채소가 맛있다

먹을수록 가벼워지는
채소가 맛있다

초판 인쇄 2011년 1월 10일
초판 발행 2011년 1월 15일

지은이 레드엔젤 김수인
펴낸이 유제구
펴낸곳 파워북

표지디자인 공간42
내지디자인 민하디지털아트(02-3274-1333)

주　소 서울 마포구 염리동 161-5 대동빌딩 4층
전　화 (02) 730-1412
팩　스 (02) 730-1410
등록번호 제 300-1997-13

가격 15,000원
ISBN 978-89-8160-158-4 (13590)

• 잘못 만들어진 책은 구입하신 곳에서 바꿔드립니다.

메뉴어드바이저. 夢key
사진. 송석주 & 夢key
요리어시스턴트. 김영순, 김봉순, 임윤자

블로그 she's kitchen에서 만날 수 있습니다.

Prologue

몇 권의 요리책을 출간하기도 했고 수없이 많은 푸드스타일링 작업을 하면서 늘 음식물 쓰레기가 가득해서 가끔은 죄를 짓는 건 아닌지 하는 생각을 한 적도 많다. 나이가 들고 친환경 중심의 시대가 도래하면서 음식 자체도, 푸드스타일링 자체도 상당히 거품이 빠진 것 같다. 그러한 이유에서일까 이번 작품은 내게 의미가 크다.

지금까지 진행해오던 쿠킹클래스의 레시피를 정리해 보는 시간을 오랜만에 가졌다. 한편, 촬영작품 하나하나 거짓이 없는 음식을 만들어 마지막까지 배불리 먹고 즐기며 촬영에 임했다.

요리를 개발할 때부터의 열정과 요리를 사진 프레임에 담는 그 순간의 생명력이 그대로 독자께 전달되길 바란다.

난 가끔씩 생각한다. 정말 요리 만들기에 미친 여자일까라고.... 뭔가 하나에 빠져들 수 있어서 그나마 참 다행이라고 생각하면서 이번 작업에 참여해 주신 봉샘, 영순샘, 영원한 팀장님, 향원당푸드데코에 감사드린다.

"내게 요리는 과학입니다.
내게 요리는 예술입니다.
그리고 내가 꿈꾸고 가꾸는 나만의 작은 소우주입니다.
이것이 레드엔젤이 꿈꾸는 요리입니다."

레드엔젤 김수인

Contents

part 1.

몸을 가볍게 하는 수프류/샐러드

part 2.

식탁 위를 빛나게 하는 일품요리

part 3.

한 끼 식사로 거뜬한 럭셔리 밥요리

part 4.

칼로리 걱정 없이 입안이 즐거운 디저트

Recipe

01

몸을 가볍게 하는
수프류/샐러드

레드엔젤이 제안하는 수프류는 야채를 기본으로 가볍고 심플하게 먹으면서 포만감을 주는 건강식들이다. 칼로리가 높은 버터류를 사용하지 않고 각 식재료의 특징을 잘 살려 만들어 낸 메뉴로서 유아기 이유식이나 노인들의 건강식, 회복식, 다이어트 건강식으로 적당한 요리들이다.

감자와 단밤을 넣은 Sweet soup

느끼하지 않은 고소한 크림타입의 Sweet soup는 자연식품의 참맛을 제대로 느낄 수 있다.
이 요리는 Onepoint가 될 수 있는 바질향을 마지막에 첨가한다면 훨씬 럭셔리한 느낌의 요리로 재현될 수 있을 듯하다.

● 밤

탄수화물, 지방, 단백질, 비타민, 미네랄 등 5대 영양소를 두루 갖춘 완전식품이다. 밤에는 비타민 B_1의 함량이 쌀의 4배, 비타민 C는 토마토와 맞먹을 정도로 함유되어 있다. 양질의 단백질과 식물성 불포화지방산이 풍부한데, 양질의 불포화지방산은 콜레스테롤을 감소시켜 심장병 예방에 효과가 있다.

재 료_

감자(작은 것)	3개	두유	2컵
시판용 단밤	20개	메이플시럽	3큰술
올리브유	2큰술	소금	조금
물	1컵	탄산수	조금

만 들 기_

1 감자 채썰기 : 감자는 얇게 채 썰어 준비한다. 이때 색이 변하지 않게 물에 살짝 담가둔다.

2 감자볶기 : ①의 감자는 물기를 뺀후 팬에 올리브유를 두르고 중불에서 천천히 익힌다.

감자가 익으면 준비한 단밤을 넣는다.

* 이때 기름은 올리브유를 사용하도록 하고 센불이 아닌 중불에서 타지 않게 익혀준다.

3 두유 준비 : 두유는 데워서 준비해 둔다.

4 믹서기에 돌리기 : ②의 감자와 ③의 두유는 함께 믹서기에 넣고 돌린다. 단맛은 메이플시럽이나 꿀을 사용한다. 간은 소금으로 하고, 기호에 따라 시나몬을 첨가하도록 한다.

레드엔젤 Tip

단맛은 메이플시럽을 기본으로 하나, 설탕을 첨가해도 무방하다.

콜리플라워를 이용한 수프

별 매력 없는 콜리플라워가 이런 맛을 낼 수 있을까 의문이 들 정도로 참 황홀한 요리이다.
콜리플라워를 샐러드가 아닌 어느 곳에 사용할까 고민끝에 떠오른 요리로, 콜리플라워와 코리앤더 · 쿠민 같은 향신료의 조화가 신선하게 느껴질 것이다.

재료_

콜리플라워	1개(작은 것)	견과류(아몬드슬라이스)	2큰술
양파	1개	두유	2컵
올리브오일	적량	'코리앤더+쿠민' 갈은 것	1작은술
다진 마늘	1큰술	소금	적량
건 파슬리	조금	후추	적량
월계수잎	1장	파슬리	적량

만들기_

1 콜리플라워 삶기 : 적당한 크기로 잘라낸 콜리플라워를 소금물에 데쳐서 물기를 제거한다.

2 팬에 볶기 : 팬에 올리브유를 두르고 다진 마늘을 넣고 향을 낸 다음 ①의 콜리플라워를 넣어 약한불에서 3분 정도 볶는다.

3 팬에서 익히기 : ②에 마른 파슬리와 월계수잎을 넣고 뚜껑을 덮어 아주 약한불에서 10분 정도 찐 듯 익힌다.

* 뚜껑을 덮고 불을 약하게 한 뒤 야채 자체가 갖고 있는 수분을 이용해서 익히도록 하는 것이 중요하다.
* 파슬리와 월계수의 향이 콜리플라워에 그윽하게 스며들어 수프를 만들고 난 후 코리앤더, 쿠민과 적절한 조화를 이룬다.

4 믹서기에 갈기 : ③을 믹서기에 데운 두유와 코리앤더와 쿠민 등 향신파우더를 넣고 돌린다. 이때 소금, 후추를 넣고 간을 맞춘다.

5 장식하기 : 생 파슬리, 아몬드슬라이스(볶은것)을 토핑으로 장식하면 더욱 먹음직스럽게 보인다.

● **콜리플라워_** cauliflower
브로콜리와 비슷하나 색이 희고 꽃모양으로 벌어진 것을 콜리플라워라고 한다(오렌지색과 자주색의 품종도 있음). 비타민 C와 식이섬유가 풍부해서 감기예방, 변비해소, 피부미용, 입냄새 제거는 물론 스트레스 해소에도 효과가 있다. 너무 크면 맛이 없으므로 직경 15cm 정도 되는 것을 고른다.

● **코리앤더_** coriander
고수의 씨를 이용하여 만든 향신료

● **쿠민_** cumin
미나리과에 속하는 초본식물로, 씨를 향신료로 쓴다.

레드엔젤 Tip

콜리플라워(cauliflower)는 꽃양배추라고도 하는데, 생으로 먹어도 좋지만 입안의 부드러운 맛을 높이기 위해서는 살짝 데쳐서 먹는 게 훨씬 효과적이다. 비타민 C가 풍부한 야채류로 서양에서는 수프나 가니쉬(garnish) 등에 사용되고 있다. 비슷한 종류로 꽃봉오리의 덩어리가 작고 여러 개인 것은 브로콜리(broccoli)라고 한다.

매운한 토마토수프

잘 볶아진 양배추의 고소한 맛과 뭉근하게 오래 끓인 토마토의 시원한 육수 맛이 일품으로,
고춧가루의 매콤한 맛 또한 가미되어 한국식 수프요리로 응용하면 좋을 듯하다.

재료_

양배추	1/4개	고춧가루	1작은술
토마토	3개	치킨스톡	1개
다진 마늘	1큰술	물 3컵 정도 또는 육수 3컵	
다진 양파	1개분량	소금	
올리브유	3큰술	후추	
미소	4큰술	생강즙	

만들기_

1 야채 볶기 : 팬에 올리브유를 두르고 다진 마늘과 다진 양파를 넣고 충분히 볶는다.

2 양배추 볶기 : 어느 정도 마늘과 양파 향이 올라오면 먹기 좋게 자른 양배추를 넣고 볶는다.

3 다진토마토 넣기 : 양배추가 살짝 익으면 다진 토마토를 넣는다.

* 이때 토마토는 끓는 물에 데쳐서 껍질을 벗겨서 다져주면 수프 국물이 맑고 부드럽게 된다.

4 끓여내기 : ③에 물과 치킨스톡을 넣고 약한불로 10분 정도 끓여낸다. 끓으면 미소를 풀어준다.

* 치킨스톡 대신 버섯가루나 닭이나 소고기 육수를 처음부터 사용하는 것이 좋다.

5 나머지 재료 넣기 : 미소를 넣은 수프가 다시 한번 끓으면 소금, 후추, 고춧가루를 넣고 생강즙 1큰술을 넣고 간을 맞춘다.

* 고춧가루가 들어가면 시원한 맛이 더욱 증가하고 매콤해서 한국적인 분위기가 물씬 우러난다.

6 토핑 얹기 : 기호에 따라 깻잎이나 생 파슬리를 다져서 얹어준다.

● 토마토

토마토는 지중해 사람들의 식단에 매우 중요한 위치를 차지 하는데, 이는 기름진 식단에서 토마토는 심장질환 위험을 낮춰주는 살리실산염 salicylate을 다량 함유하고 있기 때문이다. 살리실산염은 지방의 소화를 도와주므로 고기나 생선, 기름기가 많은 음식을 먹을 때 토마토를 곁들이면 위의 부담을 적게 하고 몸이 산성화되는 것을 막아준다. 토마토는 수분이 많고 비타민 A, C, E, 베타-카로틴, 셀레늄 등을 다량 함유하여 항암식품으로 유명하고 노화와 감염에 대항하는 면역체계를 강화하고 질병에 걸릴 위험을 낮춰주는 무기질과 아연도 많다. 또한 조리한 토마토에 풍부한 리코펜 lycopene은 전립선암과 폐암 예방에 효과적인 성분이다. 또한 토마토의 신맛을 내는 구연산은 체내의 니코틴을 해독해 준다.

남은 토마토는 끓는 물에 데쳐 껍질을 벗긴 후 반을 자르고 씨를 빼서 지퍼백에 넣고 편평하게 냉동실에 보관 후 필요할 때마다 꺼내서 소스나 오므라이스, 이탈리아 요리등을 할 때 사용하면 좋다.

레드엔젤 Tip

* 야채요리는 마늘이나 양파와 같은 향신 재료의 향과 맛을 약불에서 충분히 우려낸 다음 순서대로 준비한 야채들을 넣어 볶아주는 것이 중요하다.
* 토마토를 넣고 수프를 만들 때는 10분 이상 약불에서 천천히 끓여서 토마토의 진맛이 우러나도록 하는 것이 Key point. 살짝 끓여서 먹게 되면 시원한 수프 국물맛을 느낄 수 없다. 토마토는 끓으면서 토마토 자체에서 수분이 충분히 나오므로 물의 양은 처음부터 많이 잡지 않도록 한다.

토란을 이용한 네팔풍 카레수프

주로 들깻국이나 조림 등에 이용하는 토란을 카레수프의 주 재료로 이용해 보았다.
토마토의 시원한 맛과 카레맛이 어울어지고, 이국적인 진한 쿠민향은 에스닉푸드ethnic food의 진수를 느끼게 한다.

● 만가닥버섯
담자균류 주름버섯목 송이과의 버섯으로, 톱밥을 이용하여 병에서 재배된다. 단백질과 비타민이 풍부하여 노화방지 효과가 있다. 만가닥버섯의 갓 표면은 쥐색 또는 회갈색이며 살은 백색이고 기둥이 단단하며 버섯 특유의 향이 나는 것이 좋다.

재 료_

재료	분량	재료	분량
쿠민	1큰술	토마토	2개(껍질 벗겨 다진 것)
포도씨유	3큰술	청고추	1개
다진 마늘	1큰술	물	3~4컵
다진 생강	1작은술	카레분말	3큰술
토란	8개(껍질 벗긴 것)	소금	적량
만가닥버섯	1/2팩	향신채소	적량

만 들 기_

1 팬에 기름을 두르고 쿠민을 향이 날 때까지 약불에서 살짝 볶아준다.

* 쿠민을 볶을 때는 불을 오래 사용하게 되므로 올리브유보다는 시판용 카놀라유나 해바라기씨유, 또는 포도씨유를 사용하는 것이 더 부드럽고 좋다.

2 쿠민 향이 충분히 나면 ①에 다진 마늘, 다진 생강을 넣고 타지 않게 향이 날 때까지 충분히 볶아준다.

3 ②에 먹기 좋게 손질한 토란, 만가닥버섯을 넣고 함께 볶는다. 볶을 때 화이트와인과 후추를 살짝 넣어 야채 맛을 더욱 높여준다.

4 만가닥버섯이 익은 듯하면 다진 토마토와 다진 청고추, 물을 넣고 약불에서 야채가 부드러워질 때까지 뭉근하게 끓인다.

* 수프에 들어가는 토마토는 되도록 껍질을 벗겨 다져서 사용하는 것이 좋다.

5 ④에 카레분말을 넣고 소금으로 간한 다음 3분 정도 끓이고 기호에 따라 향신채(깻잎, 계절별 향신채소)를 첨가하면 수프의 맛이 업그레이드된다.

* 만가닥버섯 외에 셀러리 등을 첨가해도 좋다.

레드엔젤 Tip

쿠민(cumin) : 영어로는 커민, 프랑스어로는 쿠민이라고 하는데 보통 쿠민이라고 부른다. 카레의 기본 재료로 이용되고 있으며 서양에서는 돼지고기나 칠면조 등 비린맛이 강한 육고기를 재울 때 사용한다. 요리교실에서 보면 기호도의 차이가 심한 식재료이므로 쿠민의 향이 싫은 사람을 위해서는 양을 줄이고 카레 양을 조금 늘려서 사용하는 것이 좋다.

율무를 이용한 냉이 수프

율무의 씹는 맛과 냉이의 향긋함에서 한국인의 정서가 느껴진다. 버터를 사용하지 않아 느끼한 맛이 전혀 느껴지지 않고 먹을수록 건강하고 안정된 기운이 느껴진다.

재 료_

율무	1/2컵	다진 마늘	1큰술
냉이	80g	마른고추	1개
올리브유	2큰술	정종	2큰술
양파	1/2개	물	4컵
셀러리	1대	소금	1작은술
당근	1/2개	후추	적량

만 들 기_

1 율무는 씻어서 냄비에 물과 소금을 넣고 끓인다. 20여분 동안 익을 정도로 끓고 나면 물기를 제거해 둔다.

2 냄비에 올리브유를 두르고 다진 마늘과 양파 채를 넣고 먼저 볶는다. 그 다음 셀러리 채와 잘게 다진 당근을 넣고 함께 볶는다.

3 ②에 마른고추를 잘라서 넣고 정종을 넣어 전체적인 야채의 잔향을 없애 준다.

* 화이트와인과 정종 대신 소주를 사용해도 무방하다.

4 ③에 물을 넣고 끓인다. 이때 치킨스톡 1개를 첨가한다. 스톡을 첨가하면 더욱 감칠맛이 난다.

* 환자식으로 만들 경우에는 치킨스톡보다는 버섯가루나 된장을 넣는 것이 더 좋다.

5 ④에 율무를 넣고 10분 정도 더 끓인다. 소금과 후추로 간을 한다.

6 수프가 완성되면 손질한 냉이를 다진 다음 토핑으로 사용한다.

● 율무

한방에서는 부기를 빼거나 식욕을 떨어뜨리는 약재로 사용한다. 칼슘, 칼륨, 인, 철분 등 무기질과 비타민이 풍부하고 엽산과 펜토텐산, 토코페롤을 함유하고 있다. 암세포의 성장을 억제하므로 암환자들은 율무로 죽을 쑤어 먹거나 달여서 마시면 도움이 된다. 구취가 심한 사람은 껍질째 볶은 율무를 몇 알씩 입에 넣고 씹으면 구취가 없어진다. 율무밥을 지을 때는 율무를 물에 담가 하루 정도 불린 뒤 쌀 위에 얹어 밥을 짓는다. 골의 폭이 좁고 연한 갈색을 나타내며 씨눈이 붙어 있고 윤기가 나는 것이 좋은 율무이다.

● 냉이

칼슘, 철분, 단백질과 비타민 A가 풍부한 봄나물로 춘곤증을 예방하며 피로회복과 숙취 해소에 도움이 된다. 향이 좋아서 무침이나 된장국에 넣어 먹는데, 생리불순에도 효과가 있어 여자들이 즐겨 먹기에 좋은 식품이다. 녹색이 짙고 검붉은 빛을 살짝 띠는 것, 뿌리가 희고 긴 것이 좋다.

레드엔젤 Tip

냉이를 데쳐서 사용하면 특유의 향을 잘 느낄 수 없으므로 반드시 깨끗이 손질한 다음 뿌리까지 모두 잘게 썰어 날것을 뜨거운 수프 위에 토핑으로 얹는 것이 좋다.

야채와 대두콩을 넣은 미네스트로네

미네스트로네는 콩과 야채류를 넣어 만든 이탈리아풍 맑은 수프로, 빵과 함께 곁들이면 가벼운 한 끼 식사로도 적당한 요리이다.
대두콩의 씹히는 고소한 맛과 맑은 토마토 국물은 식탁 위에 건강을 선물받은 느낌을 준다.

재 료_

시금치	3뿌리	삶은 대두콩	1/2컵
양파(小)	1개	토마토	2개
다진 마늘	1큰술	소금	1작은술
양송이	15개	생 파슬리 다진 것	1작은술
올리브유	4큰술	후추	적량
셀러리	1대	고춧가루 조금	
물	3컵		

● **미네스트로네_** minestrome
곡류, 콩류, 야채와 파스타나 쌀을 넣어 만든 이탈리아 전통 수프.

만 들 기_

1 대두콩은 전날 밤이나 미리 불려 놓은 다음 물러질 때까지 충분히 삶는다. 콩이 물러지면 물을 버리고 껍질도 제거한다.

2 셀러리와 양파는 채 썰어 준비한다. 양송이는 껍질 벗기지 말고 밑둥째 편으로 썬다.

토마토는 끓는 물에 데쳐 껍질을 벗기고 다져서 준비한다. 시금치는 손질한 다음 먹기 좋은 길이로 잘라 준비한다.

3 팬에 기름을 두르고 다진 마늘과 양파채를 먼저 볶아 향을 내고, 셀러리채를 넣고 볶는다. 야채 특유의 맛난 향이 나면 삶아 놓은 대두콩과 토마토 다진 것을 넣고 살짝 끓이는 듯 볶아준다.

* 수분량이 많은 다진 토마토가 들어가면 약간 껄쭉해진다.

4 걸쭉해지면 물을 넣고 다시 한번 끓인다. 이때 손질한 시금치를 넣어준다. 소금과 후추로 간을 하고 기호에 맞게 고춧가루를 첨가한다.

* 개인적으로는 토마토와 고춧가루의 조화가 수프에서 잘 맞아 많이 사용하고 있지만, 고춧가루는 기호에 따라 사용하면 된다.

5 생 파슬리 다진 것을 넣으면 수프의 생생한 느낌이 더욱 살아난다.

레드엔젤 Tip

시금치를 처음부터 넣으면 시금칫국처럼 색도 변하고 식재료도 처져서 시금치의 맛과 향을 즐기기 어렵다. 그러므로 시금치는 마지막 수프가 끓을 때 넣도록 하고 숨이 죽으면 간하여 서브하는 것이 좋다.

토마토를 이용한 새알죽

칼로리가 적고, 청량감이 제대로 느껴지는 여름철 요리로 제안한다. 신선한 토마토의 맛과 쫀득쫀득한 새알심의 조화가 의외로 완벽하며, 깻잎의 향이 은은하게 입안에 풍겨서 그 여운이 오래도록 남는다.

● 찹쌀
찹쌀은 차진 기운이 높고, 멥쌀보다 소화가 잘된다. 찰떡·인절미·경단·단자 등 여러 가지 떡을 만들며, 찰밥·약식·식혜·술·고추장 등을 만드는 데도 쓰인다.

재 료_

토마토	5개	**경단재료**	
소금	1/2작은술	찹쌀가루	1컵
깻잎	3장	끓인 물	2큰술
생강즙	1작은술		

만 들 기_

1 토마토껍질 벗기기 : 토마토는 칼집 내어 끓는 물에 익혀서 체에 걸러 즙을 만든다.

*믹서기에 돌리면 토마토의 맑은 색이 나지 않으므로 되도록 체에 걸러 이용하는 것이 좋다.

2 새알심 만들기 : 찹쌀가루에 끓는 물을 넣고 반죽을 한다. 반죽은 지름이 1cm 정도 되게 둥글게 만들어 끓는 물에 익혀서 체에 건져 둔다.

3 토마토즙 만들기 : ①의 토마토즙에 생강즙을 넣고 기호에 따라 설탕과 소금으로 간한다.

4 장식하기 : 경단을 넣고 토핑으로 김채나 깻잎채를 얹어낸다.

레드엔젤 Tip

토마토 죽은 시원하게 냉동 보관하여 이용하는 것이 더욱 맛을 좋게 해주며, 생강즙과 깻잎의 조화가 자칫 심플하기만 할 맛을 한층 업시켜준다.

들깨드레싱을 얹은 과일샐러드

초(超)건강식으로 고소하고 담백하여 고급스러움이 묻어나는 드레싱이 일품이다. 들깨드레싱은 과일과도 어울리지만 느끼하지 않고 고소한 맛을 증가시켜주므로 튀김요리에도 더할 나위 없이 좋아 그 활용도가 높다.

재 료_

딸기 20개
양상추 1/3통
포도 .... 반송이(거봉 10알 정도)
사과 .... 반개
특수야채 적량(래디시, 치커리, 겨자잎 등)

들깨드레싱
들깨가루 6큰술, 두유 1/2컵, 순두부 1C, 레몬즙 2.5큰술, 꿀 2큰술, 소금 약간, 설탕 2큰술, 마요네즈(반컵 분량 내에서 기호대로 넣도록 한다.)
* 마요네즈 2큰술 정도가 느끼하지도 않고 담백하여 적당하다.

● 들깨
검은깨는 항암 효과는 물론 노화방지 효과가 매우 크며, 새치가 있거나 탈모로 고생하는 사람이 먹으면 머리카락이 검어지고 머리숱이 늘어난다. 들깨는 엽산, 판토텐산, 오메가3지방산이 함유되어 있어서 성인병을 예방하고 기억력을 좋게 하며 두뇌발달에도 도움이 된다. 들깨는 낟알의 크기가 고르고 선명한 갈색으로 윤기가 흐르는 것이 좋다.

만 들 기_

1 딸기는 손질 후 반으로 자르고, 양상추 및 기타 야채 손질 후 한입 크기로 하여 차게 준비하여 둔다.

2 분량의 드레싱 재료를 믹서기에 넣고 순두부가 부드럽게 될 때까지 갈아준다.

3 준비한 재료에 드레싱을 얹어준다.
* 남은 들깨드레싱은 냉장보관하면 1주일 정도 사용 가능하다.

레드엔젤 Tip

두유 대신 우유를 사용하면 고소한 맛이 더 살아나고, 순두부 양을 줄이고 마요네즈 양을 늘리면 감칠맛이 더욱 좋다.

말린 과일을 이용한 야채샐러드

상큼하고 가벼운 드레싱으로 야채 샐러드를 즐기고 싶을 때 자신 있게 추천하는 초간단 메뉴이다.
토핑으로 올린 말린 과일류를 잘 활용해 보자.

재 료_

양배추 1/4개
말린 무화과 5알
건포도와 크랜베리 말린것 1/2컵
감자 2개

오리엔탈 두유드레싱
요플레 2큰술, 두유 1컵, 소금 1/2작은술, 후춧가루 약간, 올리브유 2큰술, 유자청 1큰술, 파슬리찹 약간, 마요네즈 1큰술

만 들 기_

1 양배추는 먹기 좋은 크기로 자른 뒤, 찬물에 담가서 준비해 둔다.

2 말린 무화과는 반으로 자르고, 준비한 건포도와 크랜베리를 모두 리큐어 또는 럼주, 먹다 남은 와인 등에 담가 준비해 둔다.
* 말린 과일을 술에 담가두면 말린 과일이 부드러워지며 향이 짙어진다.

3 감자는 사방 2cm 크기로 자른 후 삶아낸 후 물기를 제거해준다.

4 ①의 양배추는 물기를 제거하고, ②의 과일류도 체에 밭쳐 수분기를 없앤다.

5 분량의 재료를 넣어 ③, ④재료와 섞은 다음 그릇에 담는다.
* 기호에 따라 생 파슬리가루 등을 얹는다.

● 무화과
무화과의 주요 성분으로는 당분(포도당과 과당)이 약 10% 들어 있어 단맛이 강하다. 유기산으로는 사과산과 시트르산을 비롯하여 암 치료에 효과 있는 벤즈알데히드와 단백질 분해효소인 피신이 들어 있다. 그 밖에 리파아제, 아밀라아제, 옥시다아제 등의 효소와 섬유질 및 단백질이 풍부하다. 알칼리성 식품으로서 고대 이집트와 로마, 이스라엘에서는 강장제나 암 · 간장병 등을 치료하는 약으로 썼다. 민간에서는 소화불량 · 변비 · 설사 · 각혈 · 신경통 · 피부질환 · 빈혈 · 부인병 등에 약으로 쓰고, 주산지에서는 생즙을 치질과 사마귀를 치료하는 데 쓴다. 날로 먹거나 말려서 먹고, 잼 · 젤리 · 술 · 양갱 · 주스 · 식초 등으로 가공해 먹거나 각종 요리재료로 쓴다.

레드엔젤 Tip

감자를 삶을 때는 감자 양의 1/3 정도의 물을 넣고 삶는다. 감자가 거의 삶아지면 물기를 따라 버린 다음 불을 줄이고 타지 않게 냄비를 이리저리 돌려준 다음 뜸을 들이듯이 3분 정도 더 익혀주면 맛이 더욱 좋아진다. 그리고 처음부터 소금간을 하여 간간한 맛이 감자에 배도록 하면 그냥 먹기에도 좋다.

연근 튀김샐러드

한식요리에 접목하기 좋은 드레싱으로, 액젓냄새는 매실청으로 없앨 수 있으므로 걱정하지 않아도 된다. 튀김요리를 접하면서도 뭔가 건강에 좋은 느낌이 드는 샐러드 메뉴를 원한다면 꼭 한 번 권하고 싶다.

재료_

사과	1개
배	1/2개
시판용 밤	10개
은행	1/4컵
연근	한 개
로메인상추	1개
영양부추	1/2팩
레몬	1/2개

튀김류와 어울리는 완전 담백 드레싱

홍고추 2개, 청양고추 2개, 다진 마늘 1큰술, 까나리 액젓 1작은술, 식초 2큰술, 매실청 2큰술, 꿀 1큰술, 소금 1작은술, 포도씨 오일 4큰술, 다진 양파 1개

● **로메인상추**_ Romane lettuce

로마인들이 즐겨 먹던 상추의 한 종류로 샐러드나 쌈채소로 이용되며, 미네랄 성분이 풍부하다.

● **쌈배추**

쌈이나 겉절이용으로 주로 이용되는 미니 배추. 알배기 배추라고도 부른다.

만들기_

1 사과와 배는 채 썰어 단촛물에 담가서 준비한다.

* 오래 담그지 말고 10분 정도 담가서 갈변 현상만 방지하도록 한다.

2 연근은 얇게 썰어 녹말가루를 입힌 다음 튀겨낸다.

* 튀김기름은 많이 넣지 않고 기름을 최대한 적게 사용하여 튀겨내도록 한다.

3 드레싱 만들기

홍고추와 청양고추를 다진 다음 분량의 내용물을 넣고 버무려둔다.

양파는 다져서 물에 한 번 헹군 다음 체에 밭쳐 물기를 제거한다.

4 연근튀김, 과일, 밤, 로메인상추와 드레싱을 잘 버무린 다음 영양부추를 고명으로 얹는다. 마지막으로 레몬을 짜서 낸다.

* 로메인상추가 없을 경우는 쌈배추를 이용해도 무방하다.

레드엔젤 Tip

이 드레싱의 키포인트는 까나리액젓과 매실청에 있다. 꼭 잊지 말고 이 두 가지를 첨가해서 드레싱의 참맛을 느낄 수 있도록 해보자. 액젓 특유의 냄새가 전혀 없으며, 상큼하고 담백해서 오히려 감칠맛을 더 느낄 수 있다.

실파드레싱을 이용한 연근구이

일본 유학시절 냉장고에 넣어 두면서 끼니 대용으로도 냠냠했던 레시피로, 다양하게 활용할 수 있고 누구에게나 칭찬받을 수 있는 요리로 추천한다.

재료_

연근 ………… 1개
녹말가루 ………… 2큰술
밀가루 ………… 2큰술
식용유 ………… 1/2컵

실파드레싱 만들기
간장 2큰술, 다시국물 2큰술, 청주 1큰술, 맛술 2큰술, 레몬즙 1큰술, 실파 1/3단, 통깨 4큰술

만들기_

1 연근은 0.3cm 두께로 잘라서 '녹말가루+밀가루'를 이용하여 튀김옷을 입힌 다음 구운 듯 튀김 한다.

* 튀김옷이 너무 두꺼우면 기름을 많이 먹기 때문에 조금씩 가루를 털어낸 다음 튀김 한다. 또 튀김가루가 많이 묻어 있으면 기름으로 떨어져 튀기는 동안 가루가 먼저 타게 되면서 기름이 더러워지므로 주의한다.

2 드레싱은 분량을 넣어 준비하고, 다진 실파와 통깨는 넣지 않고 준비한다.

* 처음부터 드레싱에 내용물을 넣게 되면 맛과 향이 빨리 사라지므로 준비해 두었다가 서브하기 전에 넣어준다.

3 ②의 소스에 ①을 30분쯤 재워둔 다음, 다진 실파와 통깨를 넣어 서브한다.

* 실파는 먹을 때 위에 곁들이면 훨씬 볼륨감 있고 맛과 향이 살아난다.

● 연근
체력을 좋게 하고 면역력을 키워 감기 예방에 좋다. 꾸준히 먹으면 장을 튼튼하게 하고 체내 콜레스테롤 수치를 떨어뜨리고 설사를 멈추는 데도 효과가 있다. 칼륨, 칼슘, 인, 나트륨이 풍부하고 비타민 C 함유량은 레몬과 비슷하다. 연근은 마디의 구분이 확실하고 짧은 것을 고른다. 마디 사이가 길고 가는 것은 질기고 맛이 없다. 담황색 껍질에 얼룩이나 상처가 없고 깨끗한 것이 신선한 연근이다. 껍질을 벗겨서 판매하는 것은 표백제로 색을 낸 경우가 많으므로 되도록 껍질을 벗겨내지 않은 것을 구입하는 것이 좋다. 필러로 얇게 껍질을 벗긴 뒤 식초물에 담그면 색이 변하는 것도 막을 수 있고, 아린맛도 없앨 수 있다.

● 맛국물
멸치, 다시마, 조개 따위를 우려내어 맛을 낸 국물. 흔히 일본말로 '다시'라고 한다.

레드엔젤 Tip

맛국물이 없으면 생수를 이용하거나 과일껍질, 잘 씻은 대파뿌리, 양파 등을 넣어 우려낸 야채국물을 만들어 사용하면 더욱 좋다.

매콤한 닭냉채를 얹은 상큼한 샐러드

밋밋한 삶은 닭가슴살을 변신시켜 보자. 자극적인 양념소스를 만들어 각종 샐러드나 국수요리, 비빔밥의 고명으로 사용한다면 더할 나위없이 멋진 요리를 만들 수 있다.

재 료_

닭가슴살 ············ 3덩이
오이 ············ 1개
알파파 채소 ············ 한주먹정도
상추나 치커리

냉채 양념
고운 고춧가루 2큰술, 참기름 2큰술, 간장 3큰술, 깨소금 2큰술, 설탕 3큰술, 다진 마늘 2큰술, 식초 2큰술, 소금, 후추

● 닭고기
칼로리가 적고 단백질 함량은 쇠고기보다 높다. 필수아미노산과 불포화지방산이 풍부해서 스트레스 해소에 효과가 있고 피로회복에 도움이 되며 두뇌발달에도 좋다. 닭날개에는 콜라겐이 풍부해서 꾸준히 먹으면 피부가 고와지고 윤기가 흐르게 된다.

만 들 기_

1 닭가슴살 삶기 : 닭가슴살은 대파1/2대, 마늘 1쪽, 생강 2cm 1쪽, 소금 1/2큰술, 후추 넣은 물 2컵에 넣고 푹 삶은 후 식혀서 찢어 준비한다.

2 야채 손질하기 : 오이는 필러를 이용해 얇게 슬라이스하고, 상추와 치커리는 씻은 다음 먹기 좋은 크기로 뜯어 놓는다.

3 냉채양념에 무치기 : 찢어 놓은 닭가슴살에 냉채양념을 넣어 버무린다.

4 그릇 담기 : 오이, 상추, 치커리 밑장식 하고 닭냉채 얹고 알파파 채소로 마무리한다.

■닭가슴살 삶는 방법

① 통째로 끓일 때는 생강, 파, 마늘, 통후추 등 향신채소를 넣어 함께 끓인다.
② 닭가슴살을 삶는 국물을 이용하려면 끓는 물을 한 번 끼얹어 전체적으로 살균한 다음 닭가슴살에 향신채와 소금을 넣고 끓인다.

■부위별 맛과 특징

- 가슴살 : 단백질이 많고 지방이 거의 없어 부드럽고 소화가 잘 된다.
- 날개 : 살이 적은 대신 날개살 끝에 지방이 많고 콜라겐이 풍부해서 고소하고 쫄깃하다.
- 안심 : 가슴살 안쪽에 대나무 잎처럼 붙어있는 부위로 육질이 연하고 맛이 담백하다.
- 다리: 운동을 가장 많이 하는 부위로 육질이 단단하고 탄력이 있으며 맛이 쫄깃하다.
- 모래주머니 : 지방이 적고 단백질 함량이 높으며 육류의 내장처럼 영양이 풍부하다.

레드엔젤 Tip

냉채양념에 닭가슴살을 재워둔 다음 밑반찬처럼 활용해도 좋다. 한편 냉채양념은 제육볶음이나 삼겹살 등 고기재움장으로 활용해도 그만이다.

매실장아찌 드레싱을 이용한 게살무침

새콤달콤한 매실장아찌 드레싱은 보기만 해도 입안에 군침이 돈다. 식욕을 자극하고 심플하면서도 가벼운 샐러드로, 어떤 요리에도 어울릴 만한 애피타이저이다.

재　　료_

팽이버섯	1봉지
오이	1개
게맛살	3줄
무	1/3개
배	1/2개(채)

매실장아찌 드레싱

매실장아찌 6개(우메보시), 다시국물 1/2컵, 간장 1큰술, 올리브유 4큰술, 설탕 1큰술, 레몬즙 3큰술, 후추

● **우메보시_ 梅干**

매실에 소금을 넣고 절인 일본식 매실장아찌로, 유기산이 풍부한 알칼리성 식품이며 소화, 살균, 정장, 피로회복, 노화방지 등에 효과가 있다.

만　들　기_

1 팽이버섯은 밑동을 정리한 다음 씻어서 체에 밭쳐둔다. 팽이버섯은 날것을 이용한다.

2 오이 · 무 · 배는 채 썰고, 게맛살은 결대로 찢어서 준비한다.

* 오이는 소금으로 잘 씻어 껍질과 속을 돌려깎기한 다음 골고루 사용할수 있도록 한다.

3 매실장아찌(우메보시)를 이용하여 ①, ②의 드레싱을 만들고, 준비된 재료를 모두 섞어준다.

레드엔젤 Tip

* 맛국물이 없을 때는 생수를 이용해도 좋다.
* 간장은 강하지 않은 시판용 메밀국수 간장을 이용하면 무겁지 않고 훨씬 좋다.
* 시원하게 해서 먹으면 더욱 입맛이 돌고 우메보시의 새콤달콤함이 살아 있어 좋은 요리이다.

묵은지 탕평채 무침

칼로리가 적은 청포묵과 묵은지를 이용하여 럭셔리한 한국식 무침요리를 만들어 보자.
제대로 된 양념과 묵은지로 무쳐낸다면 모두에게 찬사받을 수 있을 요리이다.

재료_

청포묵	1/2개
묵은지	1/2컵
통깨	1큰술
참기름	3큰술
간장	1큰술
영양부추	약간

묵은지 무침양념

다진 마늘 1작은술, 깨소금 1큰술, 참기름 1큰술, 청주 1큰술, 설탕 1작은술, 후추

● **청포묵**

묵은 곡식 또는 나무열매나 뿌리 따위를 맷돌이나 분쇄기에 갈아서 가라앉힌 후 그 앙금을 물과 함께 죽 쑤듯 되게 쑤어 식혀서 굳힌 것으로, 우리나라 고유의 전통음식이다. 청포묵을 만드는 녹두는 성질이 차고 해열 및 해독에 효과가 있고, 피부 미용에 좋다.

만들기_

1 묵은지 무치기 : 묵은지를 씻어 물기를 제거하고 채 썰어 묵은지 무침양념에 무쳐서 준비한다.

■ 묵은지 무치기

① 묵은지는 물에 흔들어가며 한 번 씻은 다음 꾹 짠다. 지나치게 많이 씻거나 주무르면 묵은지 특유의 맛이 사라지므로 주의한다.

② 잘게 자른 다음 묵은지 무침양념에 버무려준다. 이때 최대한 물기가 돌지 않도록 한다.

2 청포묵데치기 : 청포묵은 먹기 좋은 길이로 자른 다음 끓는 물에 데친다. 청포묵을 끓는 물에 넣고 하얗고 투명하게 변하면 체에 밭친 후 찬물에 담그도록 한다.

3 청포묵 무치기 : 데친 청포묵에 참기름과 간장 간을 살짝 한다. 이때 참기름을 많이 사용하면 냄새가 강해지므로 올리브유를 사용해도 좋다.

4 그릇담기 : ③의 청포묵을 접시에 놓고, 토핑으로 ①의 무친 묵은지를 올린다. 고명으로 영양부추를 얹는 것도 좋다.

레드엔젤 Tip

* 익은 김치나 묵은지를 사용하면 좋은데, 너무 신 김치인 경우는 설탕을 약간 넣어주면 신맛을 없앨 수 있다.
* 청포묵은 쉽게 마르기 때문에 간장과 참기름 양념을 꼭 입혀준다.

허니머스터드드레싱과 칠리소스를 바른 로스트치킨

마요네즈를 사용하면서도 산뜻하게 먹을 수 있는 요리로, 매콤한 칠리소스의 맛과 달콤한 허니머스터드의 맛이 조화를 이룬 강추 메뉴.

재료_

닭가슴살 2장
마 1/3개
방울토마토 5알
양상추와 상추 외 각종 채소류 준비
감자 1개
양파 1개
우유 1/2컵

허니머스터드 드레싱
플레인요구르트 1개(시판용), 마요네즈 1/2컵, 꿀 3큰술, 머스터드 4큰술, 올리브유 2큰술, 레몬즙 2큰술, 소금 약간, 후춧가루 조금

칠리소스양념
칠리소스 4큰술, 두반장 2큰술, 우스터소스 1큰술, 소금, 후추, 설탕 2큰술

● 마
마는 예로부터 산의 뱀장어라 하여 강장식품으로 먹어왔으며 체력회복에 효과적이고, 장내 유해균을 해독하고 허약체질에 좋은 식품이다. 마는 생식으로 많이 먹는데 이는 아밀라제, 폴리페놀라제, 산화효소, 카탈라제 등의 소화효소가 많기 때문이다. 한방에서 마는 뼈를 단단하게 하고, 근육을 성장시키고 눈과 귀에 좋은 식품이다.

만들기_

1 닭가슴살 손질 : 닭가슴살은 우유로 한 번 씻어준다. 칼집을 내어 소금과 후추로 간하고 준비된 칠리소스 양념에 재워둔다.

■ 닭고기 누린내를 없애는 3가지 방법
① 꽁지의 기름덩어리나 껍질 밑의 기름은 손질 단계에서 말끔히 떼어낸다.
② 손질 후 조리하기 전 소쿠리에 담고 뜨거운 물을 끼얹어 샤워시킨다.
③ 칼집을 넣은 뒤 2시간 정도 우유에 담가둔다.

2 닭가슴살 굽기 : ①의 닭가슴살을 160℃ 오븐에서 15분 정도 굽는다. 오븐시트에 직접 ①을 넣으면 소스가 타게 되므로 밑에 감자나 양파를 깔아준다.

3 야채정리 및 그릇담기 : 양상추와 채소류, 방울토마토는 먹기 좋게 정리하여 그릇에 담고 ②의 닭가슴살 구이를 잘라서 얹어준다.

4 ③위에 허니머스터드 소스를 골고루 뿌려준다.
＊기호에 따라 체다치즈를 갈아서 얹으면 더욱 고소하다.

레드엔젤 Tip

기호에 따라 토핑으로 체다치즈를 얹거나 칠리소스에 구운 닭가슴살을 샌드위치에 이용해도 맛이 좋다. 매운 칠리소스의 맛을 원한다면 타바스코 소스를 충분히 가미한다.

두부크림소스를 이용한 고구마&단호박 무침

푸드계 최고의 이슈로 떠오르고 있는 홍차와 어울릴 것 같은 요리로, 크림치즈를 담백하게 재조명하여 만들어본 샐러드이다. 샌드위치에 이용하거나 스테이크 요리의 가니시로 이용해도 좋을 듯하다.

재 료_

고구마 2개
단호박 1/3개
아몬드슬라이스 3큰술
너트류 등

두부크림치즈 소스 재료
생식용 두부 1/2모, 크림치즈 3큰술, 마요네즈 2큰술, 플레인요거트(시판용) 1개, 레몬즙 2큰술, 소금 1작은술, 설탕 2큰술, 후추 약간

● 고구마
고구마는 대표적인 알칼리성 식품이다. 양질의 식이섬유와 알라핀 성분이 다이어트에 도움을 준다. 식이섬유가 변비를 해소시키며 대장암을 예방하고, 고구마를 자른 부분에서 나오는 하얀 유액 알라핀은 변비를 예방하고 치료한다. 또 칼륨이 많이 들어 있어 나트륨 배설을 촉진해 고혈압을 예방한다.

만 들 기_

1 고구마와 단호박은 껍질을 제거한 뒤 사각으로 깍둑썰기하여 쪄낸다. 삶은 다음 레몬즙을 살짝 뿌려 준비해 둔다.
* 물에 삶는 것보다 쪄내는 것이 고구마와 단호박의 맛과 향이 더 풍부하다.

2 두부크림치즈 소스 재료를 모두 준비하여 믹서기에 갈은 다음 냉장고에서 차갑게 보관해둔다.
* 오렌지향 리큐어나 달콤한 화이트와인이 있다면 한두 방울 첨가한다.
* 순두부는 수분이 많으므로 경두부나 부드럽고 수분기가 적은 연두부를 이용하는 것이 좋다.

3 ②의 소스에 ①의 내용물을 넣고 버무린다.

4 아몬드슬라이스는 달군 팬에 살짝 볶아낸 뒤 토핑으로 얹는다.
* 홍차와 함께 단품 또는 토스트 곁들임으로 낸다면 멋진 티푸드로 활용할 수 있다.

레드엔젤 Tip

* 두부의 종류
• 경두부 : 찌개나 조림 등에 가장 흔히 쓰이는 두부로, 수분함유량이 85% 정도로 압착 탈수한 일반적으로 먹는 두부.
• 순두부 : 콩물을 끓여 간수를 넣어 멍울이 진 것을 눌러 굳히지 않은 상태의 두부.
• 연두부 : 경두부와 순두부의 중간 굳기의 연두부는 콩즙과 응고제를넣고 그대로 가열해 만든 두부.

오리엔탈 치킨 샐러드

마치 장조림을 먹는 듯한 기분이 드는 오리엔탈 치킨 샐러드는 먹으면 먹을수록 중독성이 강해 자꾸만 손이 가는 요리이다. 샐러드 대신 소스에 재워둔 닭가슴살은 반찬으로 이용해도 그만이다.

재 료_

닭가슴살 ···················· 3개
양상추 ···················· 1/3개 분량
오렌지 ···················· 1/2개
감자 ···················· 2개

오리엔탈 소스
우스터소스 1/3컵, 간장 1큰술, 식초 2큰술, 올리브유 1/3컵, 설탕 2큰술, 닭가슴살 삶은물 3큰술

닭가슴살 삶기
마늘 2개, 생강 (소)1/4쪽, 대파 1/3개, 후추1/2작은술, 물 3컵

● 오렌지
오렌지는 섬유질과 비타민 A가 풍부해서 감기예방과 피로회복, 피부미용 등에 좋다. 지방과 콜레스테롤이 전혀 없어서 성인병 예방에도 도움이 된다. 날로 먹거나 주스·마멀레이드를 만들어 먹는다. 각종 요리와 과자 재료로 쓰이며 고기 요리에 상큼한 맛과 향을 내는 오렌지 소스로도 쓰인다. 껍질에서 짜낸 정유는 요리와 술의 향료나 방향제로 이용된다.

만 들 기_

1 닭가슴살 삶기 :

닭가슴살은 물에 준비된 향신채를 넣고 20분 정도 삶는다.

* 닭가슴살 삶은 물은 버리지 말고 소스 만들 때, 또는 각종 전골요리나 찌개요리에 사용하면 좋다.

2 오리엔탈 소스에 재우기 :

①의 닭가슴살은 결대로 찢은 다음 레몬즙을 뿌려 10분 정도 둔 다음 오리엔탈 소스를 만들어 1~2시간 정도 담가둔다.

3 감자 튀기기 :

감자는 가늘게 채 썰어 마른 수건으로 전체적인 수분기를 제거한 다음 약불에서 5분정도 서서히 튀겨낸다.

* 감자 변색을 막기 위해 물에 담가두면 튀길 때 남은 수분 때문에 작업이 어려우므로 행주로 잘 닦아내도록 한다.

4 그릇 담기 :

그릇에 야채류와 오렌지를 담고 위에 ②의 닭가슴살과 ③의 감자튀김을 얹어낸다.

* 감자튀김이 없는 경우 시판용 포테이토칩을 사용해도 무방하다.

레드엔젤 Tip

* 오리엔탈 소스에서 식초와 우스터소스는 꼭 필요한 재료이므로 이 두 가지만큼은 준비해서 제대로의 맛을 즐길 수 있도록 한다.
* 감자튀김을 준비하지 않고 절임 닭가슴살만을 이용해도 무방하다.

콩&잣 소스를 이용한 생생 야채무침

콩소스는 씹으면 씹을수록 고소한 맛이 일품이며 에스트로겐estrogen을 활성화하는 성분이 많아 여성을 위한 안티에이징 푸드anti-aging food이다.

● 잣
예로부터 불로장수하는 식품으로 여겨져 왔으며 꾸준히 먹으면 정력을 좋게 하고 피부를 윤기 나게 한다. 식은땀을 흘리는 사람, 소변이 잦은 사람이 먹으면 도움이 되고 암을 예방하는 식품이기도 하다. 열량이 높고 단백질, 지질의 함량이 높으며 무기질과 비타민, 엽산도 풍부하다. 그냥 먹을 수도 있지만 기름을 두르지 않은 팬에 살짝 볶은 뒤 가루를 내어 찻잔에 담아 뜨거운 물을 부어 차로 마셔도 좋다.

재 료_

채소류 ········ 약간
배 ········ 1/2개
사과 ········ 1/2개
아몬드슬라이스 ········ 2큰술

콩 & 잣 소스
불린콩 1컵, 잣 1큰술, 땅콩 2큰술, 유자청(여름철에는 매실청) 3큰술, 연두부 1/2모, 소금, 후추, 레몬즙 1작은술

만 들 기_

1 대두콩 삶기 : 하루 정도 불린 대두콩을 10분간 잘 삶아낸다.
* 너무 무르게 삶으면 콩비린내가 나므로 10분 이상은 넘지않도록 한다.
* 콩 삶은 물은 버리지 말고 소스에 사용한다.

2 콩 & 잣소스 만들기 : ①의 콩은 되도록 껍질을 제거한 다음 믹서기에 콩소스 재료를 모두 넣고 갈아준다.
* 잘 갈리지 않을 때는 ①의 콩 삶은 물을 넣어가면서 돌려준다.
* 땅콩은 잘 갈리지 않으므로 믹서기에 넣기 전 살짝 다져 놓는 것이 편리하다.

3 야채 및 과일 준비 : 채소류는 먹기 좋은 사이즈로 잘라 준비한다. 사과와 배는 껍질을 벗긴 다음 반달 모양으로 슬라이스해서 준비한다.

4 소스에 버무리기 : ③의 채소와 과일을 섞어서 볼bowl에 담고 ②의 소스를 이용하여 버무린다.

5 그릇 담기 : ④를 그릇에 담고 위에 볶아낸 아몬드슬라이스를 토핑으로 얹어낸다.

레드엔젤 Tip

유자의 향이 대두콩이 갖고 있는 콩비린내를 없애주는 역할을 한다. 여름철에는 매실청을 이용하면 더욱 깔끔한 맛을 느낄 수가 있다. 연두부 대신 마요네즈를 이용해도 좋다.

매콤한 중국풍 샐러드

생 야채류 대신 야채를 한 번 데쳐내어 야채 자체의 맛을 충분히 낸 중국풍 샐러드.
야채의 단맛을 느낄 수 있으며, 향신채소의 향과 참기름 소스의 고소한 맛이 조화를 이룬 강추 요리이다.

재　료_

배추 ···· 1/2개
미역 ···· 1컵 분량
두릅 ···· 1봉지
생강채 ···· 1/3컵 분량
대파채 ···· 1컵 분량
청 · 홍고추 ···· 2개씩

소스A
참기름 1/3컵

소스B
맛간장 1/2컵, 청주 2큰술

● 배추
97% 이상이 수분으로 구성되어 있고, 중간 크기 한 통의 열량이 12kcal로 매우 낮아 다이어트에 좋은 식품이다. 비타민 C, A, K, 엽산, 칼슘이 풍부해서 감기 예방에 좋으며 꾸준히 먹으면 고지혈증을 예방한다. 속쓰림을 없애주고 숙취해소와 소화촉진에 좋다. 특히 변비가 있는 사람이 먹으면 좋다.

● 대파
매운 향이 입맛을 살리고 혈액순환에도 도움이 된다. 베타카로틴과 비타민 A, C가 풍부하다. 파를 비롯한 양파, 부추, 마늘 등 백합과의 야채는 유화아릴 성분이 들어있어 꾸준히 먹으면 체내 노폐물을 제거하고 장을 튼튼하게 한다. 특히 파는 강력한 살균작용 효과가 있어서 면역력을 좋게 하고 피로회복에 도움을 준다.

만　들　기_

1 야채 손질하기 : 배추는 잘라서 데친다.
＊이때 주의할 점은 반드시 소금을 조금 넣고 물은 한두 스푼만 넣어 약한불에서 냄비뚜껑을 덮고 찌는 듯 익혀낸다. 이렇게 해야 야채가 갖고 있는 영양소 손실과 파괴가 적으며 야채 자체가 갖고 있는 단맛을 100% 느낄 수 있다.

2 기타 재료 정리 : 두릅은 데친 후 먹기 좋은 크기로 다듬도록 한다. 청 · 홍고추는 각각 채 썰어둔다.

3 담기 : 냄비에 배추를 놓고 불린 미역, 두릅, 청 · 홍고추채, 생강채, 대파채 순으로 담는다.

4 소스B 만들기 : 소스B의 맛간장과 청주는 섞어서 한 번 끓여 청주 냄새를 없애준다.

5 소스A 만들기와 소스 뿌리기 : 분량의 참기름은 중불에서 연기가 살짝 날 때까지 데운 다음, 재료가 순서대로 담긴 ③의 그릇에 뿌려준다.
＊뿌리는 순간 치~ 하는 소리와 함께 생강 향이 물씬 풍기게 된다.
이때, 다시 준비한 ④의 소스를 ③의 그릇 위에 다시 한 번 뿌려준다.

6 재료들 버무리기 : ⑤의 과정을 마치면 전체적으로 한 번 뒤집어가면서 버무려준다. 생강향과 대파향이 가득 묻어나는 신선한 중국풍 샐러드가 완성된다.

레드엔젤 Tip

대파채가 많으면 많을수록 전체적인 맛과 향이 업그레이드된다.
두릅 대신 아스파라거스, 데친 미나리 등 줄기가 있는 다른 야채를 이용해도 좋다.

어니언드레싱을 이용한 상큼한 오이 샐러드

상큼한 오이와 매콤새콤한 어니언드레싱을 이용하여 만든 오이 샐러드는 시원한 화이트와인 한 잔 생각나게 한다. 몸이 붓고 찌뿌듯할 때 이런 요리를 한 번 만들어 먹어 본다면 몸이 개운할 듯하지 않을까?

재 료_

오이 2개
레몬 1개
케이퍼 1큰술

어니언드레싱
양파 1/2개, 화이트와인식초 2큰술, 레몬즙 1큰술, 올리브유 4큰술, 소금 약간, 설탕 1큰술, 후추 약간

만 들 기_

1 오이 손질하기 : 오이를 깨끗이 씻은 다음 필러로 밀어서 준비한다.

2 레몬 손질하기 : 레몬껍질은 잘게 채 썰어 준비한다.
* 기호에 따라 유자청을 이용해도 좋다.

3 어니언드레싱 만들기 : 양파는 잘게 다진 다음 분량의 내용물을 넣고 섞는다.
* 씨겨자를 1큰술 첨가하면 청량감이 더욱 좋아진다.

4 드레싱에 오이 재우기 : ③의 드레싱에 ①의 오이를 재우고 토핑으로 레몬채와 케이퍼caper를 얹는다.

● 오이
전체의 96%가 수분으로 청정효과가 뛰어난 최고의 다이어트 식품으로, 체내 노폐물을 밖으로 배출하는 역할을 하며, 몸을 개운하게 하고 정신을 맑게 해준다. 이뇨 효과가 있고 신장과 방광을 깨끗하게 하고 방광염을 일으키거나 감염을 유발하는 요산을 용해하며, 수분 저류 증상을 막아준다. 꾸준히 먹으면 위장을 튼튼하게 한다. 술 마신 다음 날 숙취를 제거하는 데에도 도움이 된다.
색이 연하고 과육이 부드러운 다다기 오이는 '조선 오이'라고 하며, 아삭아삭 씹히는 맛이 뛰어나 피클이나 오이지, 무침, 샐러드로 만들어 먹는다. 색이 진하고 육질이 단단한 것은 '청취오이'라고 하는데 오이김치를 담그거나 볶음나물, 곱게 채 썰어 냉국을 만들 때 사용한다.
오이는 녹색이 짙고 가시가 있으며 탄력과 광택이 있는 것이 좋다. 또 굵기가 고르고 꼭지의 단면이 싱싱한 것이 좋다.

레드엔젤 Tip

되도록 시원하게 먹어야 제맛이 나고 드레싱을 넉넉히 부어야 맛이 살아난다. 기호에 따라 오이 이외에 연어, 칵테일 새우를 같이 곁들인다면 더욱 맛있는 어니언드레싱을 즐길 수 있다.

파프리카 구이

파프리카를 구우면 이렇게 맛있을까?
볶아낸 양파와 함께 시원하고 상큼한 사과소스는 파프리카의 고소하고 달콤한 맛을 더욱 업시켜준다.
진한 컬러는 식탁을 빛나게 하고 잠재된 식욕까지 자극하며 우리의 눈을 즐겁게 해준다.

재 료_

파프리카	2개
소금	약간
레몬즙	약간
양파	1개
올리브유	1큰술

사과드레싱 만들기

사과주스 1컵, 식초 1작은술, 까나리액젓 2큰술, 꿀 1큰술, 후추 갈은것 약간, 호두 다진것 1큰술 정도, 소금 약간

● **단고추_ 파프리카**
매운맛을 없앤 개량고추를 단고추(피망, 혹은 파프리카라고 부른다)라고 한다. 비타민 A, C가 풍부하여 피부미용에 좋고 동맥경화나 고혈압 예방에도 도움이 된다. 꼭지가 싱싱하고 껍질이 두꺼운 것이 신선하다. 물렁한 것은 수확기를 놓친 것이거나 오래 저장했던 것일 수 있다. 홍피망이 청피망에 비해 영양가가 더 높다.

만 들 기_

1 파프리카 굽기 :
파프리카를 호일로 싼 뒤 150℃의 오븐에서 20분간 굽는다.

2 레몬즙 뿌리기 :
어느 정도 익었으면 가스불 위에서 표면에 있는 수분을 없애준다. 이때 레몬즙을 살짝 뿌려준다.

3 양파 슬라이스 볶아내기 :
양파는 슬라이스하여 올리브유에 소금과 후추로 간하여 볶아낸다.
* 양파는 충분히 볶아야 고소한 맛과 양파 특유의 단맛이 살아난다.

4 그릇 담기 :
접시 위에 보기좋게 담는다. 이때 사과소스를 만들어 함께 내거나 전체적으로 뿌려서 서브한다.

레드엔젤 Tip

파프리카 특유의 맛과 향을 살리기 위해서는 간을 하지 않고 그냥 굽도록 한다. 약간의 단맛을 살리기 위해 레몬즙만 사용하고 나머지 양념간을 배제하는 것이 좋다.

02

식탁 위를 빛나게 하는
일품요리

무거운 요리에서 조금 벗어나고 싶다. 몸이 가볍고, 먹으면서도 부담 없고 즐거워지는 요리를 만들고 싶다. 각가지 맛있는 식재료를 조금씩 사용하지만 야채와 발효식품을 기본으로 하여 다양한 요리들을 디자인해 보았다. 볼륨감 있고, 영양가 높고, 식탁 위를 빛나게 하는 최고의 건강요리 만들기를 시작해 보자.

버섯 청국장 무침

건강을 생각하는 어르신들이나 영양가를 고려하는 모든 분께 추천하는 영양덩어리 레시피. 항암효과에 좋은 청국장을 이용한 이 소스는 만들어 놓고 청국장찌개로 사용하거나 다양한 너겟nugget류를 만들 때 활용해도 좋다.

재료_

생 표고버섯 3장
새송이버섯 2개
느타리버섯 .... 1/3팩 정도
적채 1/4개
마 1/3개
연근 1/3개
다진 마늘 1큰술
올리브유 4큰술
소금, 후추

청국장 소스 만들기

생청국장 5큰술, 청양고추 1개, 청 · 홍고추 각 1개씩, 꿀 1 큰술, 후추, 된장 1큰술, 참기름 1큰술, 다진 마늘 1작은술, 깨소금 1 작은술, 다진 양파 1/2개

● **표고버섯**
봄과 가을 2회에 걸쳐 참나무나 밤나무 등 활엽수의 마른 나무에서 자란다. 갓은 너무 피지 않고 색이 선명하면서 주름지지 않는 것이 좋다.

● **새송이버섯**
톱밥을 주원료로 하는 병재배 방식으로 기른다. 조직이 치밀해 육질이 좋고 수분 함량이 적어 다른 버섯보다 저장 기간이 길다. 대가 굵으면서 곧고 촉촉하면서도 약간 단단한 것이 좋은 버섯이다.

● **느타리버섯**
국거리나 전골용, 또는 삶아서 나물로도 먹는 활용도가 높은 버섯이다. 갓 뒷면의 빗살무늬가 뭉그러지지 않고 선명한 흰빛을 띠며, 갓의 표면은 약간 회색빛을 띠는 것이 좋다.

만들기_

1 야채류 손질하기 :
- 표고버섯, 새송이버섯, 느타리버섯을 손질한 뒤 채 썰어 준비한다.
- 적채는 가늘게 채 썰어 준비한다. * 적채 대신 양배추를 사용해도 무방하다.
- 마와 연근은 껍질을 벗긴 다음 얇게 슬라이스해서 준비한다.

2 야채류 볶기 :
팬에 올리브유를 두른 다음 다진 마늘을 넣고 ①의 적채를 제외한 모든 야채를 순서대로 넣고 볶아낸다(생표고버섯-연근-느타리버섯-새송이버섯-마). 소금과 후추로 간한다.

3 청국장 소스만들기 :
- 청양고추, 홍고추, 양파를 다진다.
- 팬에 참기름을 두르고 다진 마늘과 양파를 넣고 볶는다.
- 향이 나면 나머지 재료를 넣고 함께 볶아서 청국장소스를 만든다.

4 청국장소스와 ②의 재료 버무리기 : 만들어진 ③의 청국장소스와 ②의 볶아놓은 야채류를 함께 넣고 버무려준다.
* 기호에 따라 청고추 등을 채 썰어서 위에 고명으로 얹어 매콤함을 가미해도 좋다.

레드엔젤 Tip

청국장은 짠맛이 강하지 않은 것을 선택하고, 낫토를 사용하면 감칠맛을 더 느낄 수 있다. 다소 포만감이 느껴지는 요리이므로 간을 싱겁게 해서 밥과 간단히 먹을 수 있도록 내는 것도 좋다.
청국장소스는 비빔밥이나 오이고추의 쌈장, 짜지 않은 청국장 찌개 등에 이용해도 아주 좋다.

두부톳무침

심플하게 맛을 돋우는 두부톳무침은 건강식 요리로 그만이다.

재 료_

두부 1모
톳 1/2팩

두부간
소금1큰술, 다진 마늘 1작은술, 생강즙 1작은술, 깨소금 1큰술, 참기름 약간

● 톳
바다에서 나는 해조류의 일종인 톳은 칼슘, 요오드, 철 등 무기염류가 다량 함유되어 있다. 광택이 나면서 굵기가 일정한 것이 좋은 톳이다.

만 들 기_

1 두부 으깨기 : 두부는 물기를 완전히 제거한 다음 으깨서 준비한다.

2 두부 간하기 : 준비한 두부에 간을 한다.

3 톳 손질하기 : 톳은 잘 씻은 다음 끓는 물에 데친다.

4 버무리기 : 물기를 제거한 톳에 준비한 으깬 두부를 넣고 버무린다.

레드엔젤 Tip

* 두부 톳 무침을 이용해서 완자를 만든 다음 튀기거나 전으로 지져도 그만이다.
* 두부는 최대한 부드럽게 으깨는 것이 이 요리의 키포인트이다. 물기를 충분히 제거한 다음 반드시 체에 밭쳐서 부드러운 두부타입을 만들도록 한다.

쿠민향이 살아있는 야채볶음과 마구이

오븐에 구워낸 야채들은 자연 그대로의 맛이 담겨 있다. 여기에 향신 식재료를 듬뿍 넣고 함께 볶아낸 볶음장을 곁들여 먹으면 밋밋하기 쉬운 야채에 특유의 감칠맛이 더해져 자꾸 손이 가게 된다.

재 료_

산마 1개
당근 1개

볶음장 재료

죽순 작은것 1/2대, 대두콩 1/2컵, 쿠민 1큰술, 다진마늘 1큰술, 다진대파 1큰술, 생표고 2장, 정종 2큰술, 생강즙 1작은술, 올리브유 2큰술, 일본된장 1큰술, 소금, 후추 약간

● 마

마는 예로부터 산의 뱀장어라 하여 강장식품으로 먹어왔으며 체력회복에 효과적이고, 장내 유해균을 해독하고 허약체질에 좋은 식품이다. 마는 생식으로 많이 먹는데 이는 아밀라제, 폴리페놀라제, 산화효소, 카탈라제 등의 소화효소가 많기 때문이다. 한방에서 마는 뼈를 단단하게 하고, 근육을 성장시키고 눈과 귀에 좋은 식품이다.

만 들 기_

1 볶음장 만들기 :

① 대두콩 삶아 다지기

대두콩은 하루 전날 물에 불려 충분히 삶은 뒤 다져 놓는다.

* 손으로 문질러서 으깨질 정도면 다 삶아진 것이다. 껍질은 제거하도록 한다.

② 야채 손질하기

- 생표고는 잘게 다진다.
- 죽순은 다진 다음 소금과 후추로 간한다.

* 죽순은 데쳐서 판매하는 것을 이용하거나 시판용 통조림을 사용한다. 시판용 통조림을 사용할 경우는 떫은맛을 없애기 위해서 밀가루를 푼 물에 30분 정도 담가 둔 다음 사용한다.

③ 볶음장 만들기

- 팬에 올리브유를 두르고 쿠민을 먼저 넣고 볶는다. 전체적으로 향이 올라오면 다진 마늘과 다진 대파를 넣고 다진 생표고와 죽순을 넣는다. 어느 정도 내용물이 익으면 ①의 대두콩과 일본된장을 넣고 함께 볶아가면서 생강즙과 정종을 붓는다. 마지막 간은 소금과 후추로 한다.

* 참기름을 볶음장에 이용하면 야채 자체의 향이 사라지므로 주의한다.
* 마지막에 생강즙을 넣어 쿠민 자체의 향이 살아나도록 한다.

2 마와 당근은 호일에 싸서 150℃ 오븐에서 30분 정도 굽는다.

3 ②는 볼에 담아 ①의 볶음장과 함께 서브한다.

레드엔젤 Tip

죽순은 기호에 따라 사용하도록 하고, 야채에서 수분이 생기지 않도록 되도록 약한 불에서 볶아준다.

호두메밀전

웰빙 푸드의 대표적인 레시피로
메밀가루와 견과류의 궁합을 맞춰서
팬에 지져낸 요리이다.
고소한 맛이 일품이며 메밀향이
그대로 살아있는
것이 특징이다.

재 료_

죽순	1대	다진 마늘	1작은술
호두	3개	소금	1작은술
양파	1/2개	후춧가루, 깨소금 약간씩	
쪽파	3뿌리		
밀가루	1/2큰술		
메밀가루	1컵		
두유	1/2컵		

곁들임 장

시판용메밀국수간장(다시간장, 국시간장) 1/3컵, 무갈은것 3큰술, 와사비 약간

만 들 기_

1 재료 손질하기 :

① 죽순은 채 썰어 소금과 후추로 밑간을 해둔다.

② 호두는 뜨거운 물에 불려 이쑤시개로 껍질을 벗겨낸 후 밥알 한 톨 정도의 크기로 쪼개어 둔다.

③ 준비된 야채도 호두 크기로 다져둔다.

2 반죽 만들기 :

메밀가루, 밀가루, 두유, 다진 마늘, 소금, 후추를 넣고 부침용 반죽을 만들어 준비한 죽순과 호두, 야채를 넣는다.

* 메밀가루는 조금 딱딱하므로 좀 더 부드러운 반죽을 원하면 달걀 한두 개와 무즙을 첨가해 주면 좋다.

3 전 지지기 :

달군 후라이팬에 동글납작하게 굽는다.

* 되도록 전은 얇고 먹기 좋은 크기로 지지도록 한다.

● 메밀

단백질과 지방, 섬유질이 풍부하다. 비타민 B_1의 함유량은 쌀의 약 3배 정도. 루틴rutin이란 성분이 들어있어 꾸준히 먹으면 혈압을 내리고 콜레스테롤 농도를 낮추며 모세혈관을 튼튼하게 해준다. 소화가 잘 되므로 위장이 약한 사람에게도 좋은 식품이다. 변비를 예방할 수 있다.

메밀가루는 빵, 국수, 떡, 전으로 만들어 먹는데, 파를 같이 넣어 먹으면 메밀에 들어있는 비타민 B_1의 흡수를 도와주고 무를 곁들이면 메밀의 유독성분이 중화되어 먹기가 수월하다. 메밀국수를 먹을 때 파와 무를 곁들여 먹는 것도 이런 특성 때문이다.

레드엔젤 Tip

겉들이로는 무를 강판에 갈아 넣은 초간장과 함께 낸다.
호두 외에 아몬드, 카르다몬, 캐슈넛 등의 견과류를 넣어도 좋다. 견과류는 반드시 기름기 없는 팬에서 볶은 다음 사용한다.

매콤한 김치메밀전

메밀가루에 청홍고추와 함께 잘게 다진 김치를 넣어 지져낸 것으로, 거친 음식을 즐기고 싶다면 한 번쯤 도전해보고 싶은 요리이다. 메밀 특유의 향에 매콤한 맛이 어우러져 일품이다.

재　　료_

양파 1개
죽순 작은것 1대
청양고추 3개
홍고추 2개
다진 김치(물기 제거한 것) 1/2컵
다진 파 1큰술
식용유 준비

반죽 재료

메밀가루 1컵, 달걀 1개, 다진 마늘 1작은술, 깨소금 1큰술, 육수(다시국물 또는 생수) 1/2컵, 소금, 후추

● **죽순**

죽순은 성질이 차가워서 몸에 열이 많은 사람이 가래와 어지럼증이 심할 때 먹으면 증상이 완화된다. 또 마음을 안정시키는 성분이 있어 정신적 스트레스가 심한 이들에게 좋다. 그러나 설사를 자주 하거나 몸이 찬 사람은 적게 먹는 것이 좋다.

만　들　기_

1 야채 손질하기 : 양파, 청양고추, 홍고추, 죽순은 잘게 다진다.

* 전에서 물기가 나오지 않게 하려면 양파는 물에 한 번 담가서 깨끗한 행주로 살짝 짜서 준비해둔다.

2 전 반죽 만들기 : ①의 재료와 반죽재료, 기타 재료(다진 김치, 다진 파)를 넣고 반죽을 만든다.

* 육수가 없을 경우는 생수에 치킨스톡을 1/2개 정도 넣으면 감칠맛이 난다.

3 전 지지기 : 팬에 기름을 두르고 직경 5cm 크기로 지져낸다.

* 함께 매콤하게 무쳐낸 부추무침이나 과일샐러드를 함께 곁들이면 좋다.

레드엔젤 Tip

양파와 다진 김치의 수분기를 제거해주고 김치는 미리 설탕, 마늘, 깨소금을 넣고 간을 해주면 더욱 맛있는 메밀전을 즐길 수 있다.

김치 장떡

요즘 장떡은 쉽게 볼 수 있는데 된장의 고소함과 고추장의 칼칼함, 또 김치의 산미가 적당히 어우러져 어르신들께 특히 인기 있는 요리이다.

재 료_

묵은 배추김치	1/4포기
새송이버섯	1개
생표고버섯	1개
풋고추	2개
홍고추	1개
양파(중)	1/2개
실파	4뿌리
부추	1/3단

반죽 재료

고추장 1큰술, 된장 1큰술, 밀가루 1컵, 물 1컵, 달걀 1개, 깨소금 1큰술, 다진 마늘 1작은술

● 부추

부추는 게으름뱅이풀이라고 불리는데, 부추를 먹으면 일할 생각은 않고 성욕만 커진다고 해서 불가에서는 예로부터 금기시했다. 카로틴, 비타민 B_2, 비타민C, 칼슘, 철 등의 영양소를 많이 함유하고 있는 녹황색 채소이다. 특히 베타카로틴은 늙은 호박의 4배 정도가 들어 있다. 방향성분인 알릴설파이드는 위나 장을 자극하여 소화효소 분비를 촉진하여 소화를 돕고 살균작용을 한다.

만 들 기_

1 야채 다듬기 :

- 새송이버섯, 표고버섯은 길고 가늘게 채 썬다.
- 풋고추, 홍고추는 가늘게 어슷 썰고 씨는 뺀다.
- 양파는 가늘게 채 썬다.
- 실파는 3cm 길이로 자른다.

2 김치 마무리하기 :

김치는 국물을 짠 뒤 송송 썰어준다.

3 반죽 만들기 :

분량의 물에 밀가루를 풀어 거품기로 휘저어가며 섞는다. 멍울 없이 푼 밀가루물에 고추장과 된장을 섞는다.

* 이때 된장과 고추장, 김치에 간이 충분히 되어 있으므로 소금간을 하지 않도록 주의하고 곁들임 초장과 함께 가볍게 낼 수 있도록 한다.

4 ③의 반죽에 ①과 ②의 재료를 넣고 섞는다.

5 식용유를 두르고 반죽을 한 숟가락씩 노릇하게 지져서 먹기 좋게 썬다.

레드엔젤 Tip

* 매콤한 맛을 내고 김치와 함께 씹히는 감을 높이기 위해서 홍고추와 청양고추는 씨를 뺀 뒤 다져서 넣도록 한다. 반죽에 부추를 잘게 썰어 넣으면 더욱 맛과 향이 증가한다.
* 밀가루 대신 시판용 부침가루를 사용해도 좋다.

야채 또띠아말이

소고기구이나 아보카도avocado 등을 넣어 쌈 싸먹는 기존의 또띠아 말이에서 벗어나 야채만을 이용해서 씨겨자소스를 곁들여낸 이색적인 요리이다. 어르신이나 귀한 손님 접대 시에 요리실력을 뽐낼 수 있는 요리이다.

재료_

양상추	1/2개
황백지단(10×10cm)	각 1장씩
마른표고버섯	5장
새싹	30g 정도
양파	1/2개
게살	3~4줄
또띠아	4장

표고버섯 양념

간장 1큰술, 다진 마늘 1/2작은술, 다진 대파 1/2작은술, 참기름 1/2작은술, 소금, 후추 약간씩

씨겨자 소스 만들기

씨겨자 2큰술, 요플레(시판용) 2개, 마요네즈 3큰술, 다진 마늘 1큰술, 소금 1작은술, 후추, 레몬즙 1큰술

● **또띠아**_ tortilla (토르티야)
옥수수와 밀가루를 펴서 만든 우리나라 밀전병과 같은 빵이다. 파히타fajitas는 또띠아에 소고기나 새우, 양상추 등을 싸먹는 텍사스-멕시코 요리이다. 양파와 파프리카를 같이 볶는 게 일반적이며 사우어크림, 살사, 치즈, 토마토소스를 곁들여 먹는다.

만들기_

1 야채 손질하기 :

- 양상추는 씻은 다음 물기를 제거하고 차갑게 보관해 둔다.
- 마른 표고는 불린 다음 가늘고 길게 채 썰고 표고버섯 양념에 버무린 다음 팬에 볶아서 식혀 놓는다.
- 양파도 가늘고 길게 채 썰어 올리브유에 살짝 볶아 준비한다.

2 기타 재료 손질하기 :

- 황백지단은 가늘게 채 썰어 준비한다.
- 게맛살은 먹기 좋게 길게 찢어 준비한다.

3 분량의 씨겨자 소스 재료를 넣고 만들어 준다.

4 또띠아 말이 :

또띠아에 소스를 바르고 양상추를 깔고 볶은 표고버섯, 양파, 채썬 황백지단, 게맛살을 김밥싸듯이 줄줄이 놓은 다음 돌돌 말아준다.

* 또띠아가 붙지 않을때는 마지막 부분에 소스를 발라서 해준다. 지나치게 소스를 많이 바르면 자를 때 소스가 흘러 나와 지저분 하므로 주의한다.
* 시판용 허니머스터드 소스를 사용해도 무방하다.

레드엔젤 Tip

구절판 요리에 이용되는 재료를 또띠아에 이용한 요리로, 또띠아의 맛을 살리는 음료를 곁들이면 야채또띠아말이의 맛을 더욱 즐길 수 있다.

코리안 스타일 또띠아말이

도저히 어울릴 것 같지 않은 김치와 젓갈, 그리고 감자와의 조화.
의외의 조화로움에 놀라게 되고 젓갈의 냄새가 전혀 나지 않음에 또 한 번 놀라는 요리이다.

재 료_

또띠아 ······ 4장
깻잎 ······ 여러장

자연식 매시드포테이토

감자 ······ 2개
마요네즈 ······ 1큰술
순두부 ······ 1/3모
소금
후추

김치&젓갈 속 만들기

김치 물기 빼서 다진 것 ······ 1컵
오징어젓 다진것 ······ 1큰술
토하젓 ······ 1큰술
양념날치알 ······ 2큰술
참기름 ······ 2큰술
다진 마늘 ······ 1큰술
레몬즙 ······ 1큰술
깨소금 ······ 1큰술
설탕(시럽) ······ 1작은술
다진 실파 ······ 3큰술
소금
후추

또띠아 말이 소스 만들기

씨겨자 2큰술, 요플레(시판용) 2개, 마요네즈 3큰술, 다진 마늘 1큰술, 소금 1작은술, 후추, 레몬즙 1큰술

만 들 기_

1 매시드포테이토 만들기 :
감자는 충분히 찐 다음 으깬다. 이때 마요네즈와 물기 뺀 순두부를 넣어 잘 섞고 소금과 후추로 간한다.

2 김치와 젓갈을 이용한 속만들기 :
- 물기 뺀 김치는 송송 썰어 준비한다.
- 오징어젓도 송송 썰어 준비한 다음, 김치와 토하젓, 날치알, 다진 실파와 남은 양념들을 넣고 잘 버무린다.

3 또띠아 속 만들기 :
①의 매시드포테이토와 ②를 혼합한다. 이때 레몬즙을 살짝 뿌려주면 젓갈류의 비린맛이 가라앉는다.

4 또띠아에 소스를 바른 다음 깻잎을 깔고 적량의 ③의 속을 얹어 돌돌 말아 준비한다.

● 오징어젓
오징어젓은 오징어가 제철인 6~8월경에 담그는 것이 좋다. 밥반찬이나 도시락 반찬으로 이용하고, 김치를 담글 때 속에 넣기도 한다. 오징어젓 담그는 법은 오징어 내장을 제거하고 깨끗하게 손질하여 소금물에 씻어 물기를 뺀다. 굵은 소금을 켜켜이 뿌리면서 항아리에 오징어를 차곡차곡 담는다. 맨 위에 오징어가 보이지 않을 정도로 소금을 듬뿍 뿌리고 항아리 입구를 봉한다. 3~4일 정도 지나 물이 생기면 체에 밭쳐 물기를 빼고 다시 같은 방법으로 3일간 절인다. 열흘 정도 지나 오징어를 꺼내어 찬물에 씻어 물기를 뺀다. 몸통은 채 썰고, 다리는 5cm 길이로 썬다. 상에 낼 때는 다시 양념을 한다.

● 토하젓
토하는 논이나 저수지에서 잡히는 아주 작은 민물새우이다. 해감 비슷한 흙내가 나며 전라도에서는 생이 또는 새비라 하고, 충청도에서는 새뱅이라고 한다. 토하젓을 오래 두고 먹으려면 소금만 켜켜이 뿌려서 담그고 먹을 때 풋고추, 다진 마늘, 다진 파, 통깨 등으로 맛을 낸다. 바로 먹을 것은 토하에 찹쌀밥과 소금, 고춧가루를 넣고 한데 찧거나 갈아서 담근다. 생토하에 매운 죽처럼 양념한 것을 섞어서 젓을 담그기도 한다.

레드엔젤 Tip

김치와 믹스된 젓갈류는 특유의 비린맛이 사라져서 담백하게 느껴지며 오히려 전체적인 요리의 감칠맛을 돋우어주는 역할을 한다. 날치알은 시판용 양념날치알을 이용한다.
* 양념날치알이 없을 경우에는 날치알에 마늘, 통깨, 참기름을 넣고 양념한다. 아이들이 좋아하는 후리가케(밥에 뿌려 먹는 식품)를 섞어도 아주 좋다.

돼지고기를 사용하지 않은 100% 야채마파두부

흔히 알고 있는 마파두부는 갈은 돼지고기를 사용한다. 그러나 이 요리는 돼지고기를 전혀 사용하지 않고 천연야채와 된장을 이용하여 만들어 본 사찰식 마파두부요리이다.
실파와 대파는 이 요리를 빛내는 필수 재료이므로 반드시 포함한다.

재료_

새송이버섯 2장
생표고버섯 5장
두부 2모
다진 마늘 3큰술
다진 생강 1작은술
대파 .... 1대 다짐
두반장 3큰술
실파 10대정도
카놀라유 4큰술
물 .... 2컵 준비
물녹말 준비
산초 으깬 것 조금

양념소스

일본된장 2큰술, 청주 2큰술, 간장 1큰술, 설탕 1작은술

● 표고버섯

참나무, 밤나무 등 활엽수에서 자라는 버섯으로 꾸준히 먹으면 피부를 좋게 하고 다이어트에 도움을 주며 각종 질병은 물론 암을 예방할 수 있다. 3~4월은 생표고버섯이 가장 맛있는 시기이며, 말린 표고버섯은 사계절 내내 먹을 수 있다.
말린 표고버섯은 비타민 D가 풍부해서 칼슘의 흡수를 돕고 골밀도를 높여주고, 성장기 아이들과 갱년기 여성의 골다공증 예방에 좋은 식품이다.

만들기_

1 버섯류는 모두 굵게 다진다.
양념소스는 일본된장과 잘 섞이도록 미리 섞어둔다.

2 기름두른 팬에 마늘, 생강, 다진 대파를 넣고 향이 나게 볶은 다음 두반장을 넣는다.

3 ②에 다져둔 버섯류를 넣고 산초 으깬 것과 양념 소스를 넣고 볶아준다.
이때 버섯류가 숨이 죽으면 물 2컵 정도를 부어준다.

4 팬에 재료가 끓으면 먹기 좋은 크기로 썰은 두부를 넣고 ③의 국물이 배도록 끓여 준다.

5 물녹말로 농도를 조절하고 불은 끈후에 참기름을 살짝 넣어 마무리 한다.

6 다진 실파를 장식으로 얹어 낸다.

레드엔젤 Tip

이 요리에서 마파두부의 갈은 돼지고기 역할을 해주는 것이 다진 버섯류이다. 그러므로 너무 잘게 다지지 말고 씹힐 수 있을 정도로 다져주는 것이 좋다. 입맛을 돋우는 것은 일본된장과 두반장의 조화이다. 두반장이 짜기 때문에 일본된장은 단맛이 있는 흰색 된장으로 선택하는 것이 좋다.
최근 식생활의 변화로 고지방식품을 과다하게 섭취하는 경우가 많은데, 콩을 발효시킨 된장, 청국장 등에는 식이섬유가 풍부해서 고지방식품 섭취에 의한 영양 불균형을 해소할 수 있다.

연어레몬구이

연어는 비린 맛도 강하고 살도 쉽게 으깨지므로 가정에서 요리하기엔 쉽지 않다. 연어레몬구이는 연어가 가지고 있는 맛과 연어 특유의 고급스러움을 잘 살려낸 요리로, 누구나 한 번쯤은 도전해볼 만한 요리이다.

재 료_

연어 3조각
바질 5잎
방울토마토 5알
레몬 1/2개
화이트와인 1/3컵
파슬리 1/3단
올리브 3알

구이용 소스

간장 3큰술, 미림 2/3컵, 다진 마늘 2큰술, 사과식초 1큰술, 후추, 생강즙1큰술, 바질가루 1작은술

만 들 기_

1 연어 익히기 :

연어는 소금, 후추, 바질 가루, 화이트와인을 넣고 10분간 밑간을 한다. 밑간된 연어를 기름 두른 팬에 겉만 살짝 익혀낸다.

2 내용물 오븐에 굽기 :

- 방울토마토는 이등분하고, 올리브는 통으로 준비하고, 파슬리는 다져서 준비한다.
- 레몬은 슬라이스한 후 1/4등분 하여 준비한다.
- 오븐용기에 ①의 연어와 방울토마토, 올리브, 레몬 등을 넣어주고 그 위에 구이용 소스를 뿌려서 170℃로 예열된 오븐에서 15분간 구워낸다.

3 파슬리가루 등 천연허브류 뿌리기 :

다 구워지면 오븐에서 꺼내어 다진 파슬리를 뿌려서 마무리한다.

4 바게트 빵을 준비하여 소스에 찍어 먹을 수 있도록 곁들여 내도 좋다.

● 연어

머리끝에서 꼬리까지 남김없이 먹을 수 있는 영양 생선으로, 지방이 적고 맛이 담백하여 다이어트에 그만이다. 특히 연어알에는 비타민 E가 풍부해서 노화방지는 물론 피부미용에 좋다.

단백질이 풍부하며 비타민 A, D, B_2, B_6가 들어있다. EPA와 DHA, 오메가3 지방산도 다량 함유되어 있다. 연어의 붉은 살은 적색 칼로티노이드에 의한 것인데, 몸을 따뜻하게 하고 혈액순환을 원활하게 하여 빈혈, 비만의 예방과 치료에 도움을 준다. 단, 콜레스테롤이 많으므로 과식하지 않도록 주의한다.

레드엔젤 Tip

이 요리의 키포인트는 바로 구이용 소스 자체이다. 이 소스는 미리 만들어 놓고 냉장 보관하여 고기 절임장이나 생선절임장으로 사용해도 효과적이다. 더욱 담백한 맛을 원하면 무즙을 넣으면 좋다.

양파슬라이스를 곁들인 청어구이

청어는 대부분 구이요리이다.
구이요리를 좀 더 모던하게 표현하기 위해 양파절임을 곁들였다.
청어구이와 양파절임의 조화, 멋스러운 그릇 담기가 잘 어우러진 요리이다.

재 료_

청어	2마리
소금	1/2작은술
밀가루	4큰술
식용유	1큰술
양파	2개
후추	약간
무순	약간

양파 재움용 소스

식초 4큰술, 간장 2큰술, 미림 1큰술, 물 2큰술, 소금, 후추, 붉은고추 1개

● 청어

우리나라 동해안, 일본 북해도에 많이 분포하는 생선으로, 필수아미노산과 단백질을 골고루 함유하고 있어 동맥경화나 심장병 예방에 좋은 생선이다. 아가미 속이 선홍색을 띠고 살이 탄력 있고 단단한 것이 좋은 청어이다.

만 들 기_

1 청어 밑간하기 :

청어는 어슷하게 칼집을 내어 소금과 후추로 밑간한다.

2 청어 굽기 :

밑간된 청어는 밀가루를 살짝 입혀서 기름기 없게 노릇하게 구워낸다. 이때 칼집을 내고 부서지기 쉬우므로 주의해서 굽는다. 청어를 부서지지 않게 잘 구워야 양파 재움용 소스에 담가도 부서지지 않는다.

3 양파는 얇게 슬라이스한 후 양파 재움용 소스에 1시간 정도 재워둔다.

* 양파 재움용 소스에 들어가는 붉은 마른 고추는 씨를 빼고 다져서 넣는다.

4 구운 청어 재우기 :

양파 재움용 소스에 구워낸 청어를 30분 정도 더 재워서 내도록 한다.

* 레몬을 곁들여 내면 좋다.

레드엔젤 Tip

얇게 슬라이스한 양파가 마치 피클처럼 비린 맛이 강한 청어와 안성맞춤이다. 양파 재움용 소스는 오이, 무 등을 시원하게 곁들이 요리로 사용하고 싶을 때 꼭 이용한다. 입가심 요리를 만들 때도 이 소스를 활용하면 좋다.

* 청어 외에 삼치, 고등어구이에 이용해도 무방하다.

No 치즈! 두부크림을 이용한 야채 그라탱

치즈가 들어간 그라탱은 이제 누구나 좋아하는 요리이다. 하지만 고소하고 쫄깃하나 그라탱의 필수인 치즈와 생크림이 한없이 부담스럽게 느껴진 적이 많다. 그래서 생각해본 그라탱 요리. 치즈와 생크림을 사용하지 않고 담백한 화이트소스를 만들어 그라탱을 만들어 보자.

재 료_

생 표고버섯 2장
새송이버섯 2대
배추 3장
아스파라거스 .... 5대 정도
시금치 1/2단
빵가루 1/2컵

화이트소스
연두부 1모, 흰색 일본된장 2큰술, 올리브오일 2큰술, 레몬즙 1작은술, 소금 1/2작은술, 머스터드 1작은술, 후추 약간
(79쪽 참고)

● **그라탱_** gratin
생선, 고기, 계란, 채소, 면류 등 한 가지 또는 몇 가지를 섞고 소스를 만들어 구이 접시에 담고 치즈와 빵가루를 뿌려 오븐에서 구워낸 요리.

만 들 기_

1 야채 손질하기 :
생 표고버섯은 기둥(밑둥)을 떼고 먹기 좋은 크기로 잘라준다. 새송이버섯도 둥글게 잘라주고, 배추는 5×1cm 크기로 잘라서 준비한다. 시금치와 아스파라거스는 5cm 정도로 잘라 준비한다.

2 야채 볶기 :
①의 각 야채류를 올리브유에 다진 마늘을 넣고 볶아서 준비한다.
* 생야채를 그대로 넣게 되면 오븐에서 나온 뒤 계속해서 물기가 돌고 화이트소스의 제맛을 느낄 수 없기 때문에, 미리 볶아서 야채의 단맛과 고소한 맛을 최적의 상태로 만들어 놓는 것이 좋다.

3 화이트소스 만들기 :
분량의 화이트소스를 만들어 준비한다. 된장을 사용할 때는 쌈장을 이용하는 것이 좋다.

4 그라탱 만들기 :
②와 ③을 혼합한 다음 그라탱기에 내용물을 넣고 200℃에서 15분간 굽는다.
* 위에는 토핑으로 빵가루를 얹어주면 고소한 맛이 살아나서 더욱 좋다.

레드엔젤 Tip

화이트소스를 만들 때 지나치게 묽게 하지 않도록 주의한다. 굽는 동안 야채에서 수분이 나오므로 묽을 때는 빵가루를 더 첨가해 준다.

브로콜리 버거

가족의 건강을 책임지는 엄마들은 대단하다. 신선하고 좋은 재료들을 가지고 가족과 내 자신의 건강을 위한 요리로 이 브로콜리 버거를 강력 추천한다.

재 료_

브로콜리 1대
두부 1모
빵가루 1컵
밀가루 1큰술
소금
후추

샐러드
양상추 2장
대파 1/3대
깻잎 .... 2~3장

간장소스
간장 3큰술, 미림 1큰술, 설탕 1작은술, 물엿 1큰술, 청주 1큰술, 물녹말 1큰술, 다진 마늘 1작은술

● **브로콜리**
비타민 B_1, B_2, B_6, C, K, 엽산, 판토텐산, 철, 칼륨, 마그네슘, 아연, 구리 등 비타민과 미네랄이 풍부하게 들어 있다. 특히 비타민 C의 경우 레몬의 2배, 토마토의 8배나 들어 있어서 꾸준히 먹으면 혈관을 튼튼하게 하고 스트레스에 대한 저항력을 길러주며 암을 예방할 수 있다.

● **패티**_ Patty
다진 고기에 빵가루 따위를 넣고 둥글납작하게 만들어서 구운 요리.

만 들 기_

1 브로콜리 데쳐서 다지기 :
브로콜리는 데친 다음 줄기 부분까지 모두 잘게 다진 후, 물기를 꼭 짜서 준비해 둔다.

2 두부 으깨기 :
두부는 데친 다음 면보를 이용해서 물기를 충분해 제거해 둔다.

3 패티 성형 & 굽기 :
브로콜리 다진 것과 두부를 함께 반죽하고 물기가 있으면 빵가루를 넣고 된 정도를 맞추도록 한다. 간은 소금과 후추로 한다. 반죽을 햄버거 패티 모양으로 성형한 뒤 팬에 지져낸다.

4 분량의 간장소스 재료는 작은 냄비에 넣고 한번 끓여준다.

5 지진 패티와 함께 간장소스를 발라 채 썬 샐러드 야채를 함께 곁들여 낸다.

* 간장소스는 반드시 한 번 끓여서 걸쭉하게 만들어놓고 버거에 발라서 맛이 배도록 한다.

레드엔젤 Tip

■ 기본 손질법
열을 가해도 영양소 파괴가 적으므로 날것보다는 데쳐서 먹는다. 봉오리 속의 먼지와 불순물을 없애기 위해서는 올망졸망 붙어있는 작은 송이들을 떼어낸 뒤 굵은 밑동을 잘라내고 연한 소금물에 담갔다가 흐르는 물에 헹궈 날로 먹거나 끓는 물에 소금을 넣고 살짝 데쳐낸다.

토란 크림찜

몸에 좋은 영양만점 토란과 여성에게 꼭 필요한 연어를 이용하여 고소한 크림찜을 만들어 보자.
우리집에 오는 특별한 손님과 한창 커가는 아이들의 건강식으로는 최고이다.

재료_

토란	5개
연어	2~3조각
새송이버섯	2개
소금	1작은술
화이트와인	1큰술
대파	1대
완두콩	3큰술
올리브유	2큰술
다진 마늘	1큰술

크림타입 화이트소스
두유 1컵, 우유 1컵, 치킨스톡 1개, 물 1/2컵, 소금 1/2작은술, 후추
(75쪽 참고)

● 토란
'흙속의 알'이라고 해서 토란이라고 부른다. 토란은 미끈한 점액질로 둘러싸여 있는데, 이 특유의 점액질은 간 기능을 좋게 하고 위궤양을 예방한다. 또한 토란은 칼륨이 풍부해서 피로회복과 고혈압에 효과가 있으며 비타민 B_1, B_2가 풍부해서 비만예방에도 도움이 된다. 단, 유독성분이 들어있고 아린맛이 강하므로 반드시 익혀서 먹어야 한다. 겉면에 흙이 묻어 있고 수분이 많으며 껍질은 황갈색인 것이 좋다. 모양이 고르고 단단하며 줄기는 굵고 곧은 것이 맛도 좋다. 완전히 익혀서 껍질을 벗겨야 얇게 잘 벗겨진다. 끓는 물에 소금을 넣고 삶으면 독성도 빠지고 끈적거림도 적다. 삶지 않고 껍질을 쉽게 벗기려면 쌀뜨물에 담가둔다.

만들기_

1 토란 익히기 : 토란은 껍질을 벗긴 다음 둥글게 썰어 준비한 다음, 물에 삶는다.

2 연어 굽기 : 연어는 먹기 좋은 사이즈로 자른 다음 소금, 후추, 파슬리 가루, 바질 가루를 넣고 밑간한 뒤 팬에 살짝 익힌다.
* 익히는 도중 화이트와인을 첨가하여 연어의 비린맛을 없애주는 것이 중요하다.

3 야채 손질 : 새송이버섯도 잘라서 준비한다.
대파는 2cm 정도로 자르고, 완두콩은 데쳐서 준비한다.

4 토란크림찜 만들기 : 냄비에 올리브유를 두른 다음 마늘과 파를 넣고 향을 낸 다음 버섯과 토란을 넣고 볶는다. 버섯이 볶아지면 화이트소스 재료를 모두 넣어 뚜껑을 덮고 10분간 끓인다.

5 마무리하기 : 끓고 나면 ②의 익혀낸 연어를 넣고 소금과 후추로 간을 한 다음 한소끔 더 끓여낸다. 마지막에 완두콩을 넣어준다.
* 파슬리 가루가 준비되었으면 토핑으로 얹어낸다.

레드엔젤 Tip

크림찜에서 연어의 비린맛이 나지 않도록 미리 익혀내는 것이 중요하다. 또한 토란은 익는 시간이 오래 걸리므로 밑작업 시 미리 삶아 놓도록 한다.

* 우유 대신 생크림을 사용하면 더욱 고소한 맛이 증가한다.

마늘토마토소스를 얹은 그릴 양배추

귀찮다고 사먹지 말고, 제철에 나는 신선한 재료를 이용해서 몸에 좋은 요리를 만들어 보자.
마늘의 향과 토마토의 개운한 맛이 입안을 시원하게 한다.

재 료_

양배추 1/2개
올리브유 1큰술
소금 1/3작은술
후추

마늘토마토소스

토마토3개, 생표고버섯 5개, 마늘 10개, 홍고추 또는 홍피망 1개 , 낫토 1팩, 간장 4큰술, 소금, 물 1/2컵, 깨소금 3큰술, 올리브유 2큰술, *참기름 1작은술, 물녹말

● **양배추**
필수아미노산인 라이신(lysine) 함량이 높고, 리놀렌산이 풍부하다. 칼슘과 인, 비타민 함량도 높다. 특히 양배추의 비타민 C는 녹색 부위에 80%, 백색 부위에 40% 정도 함유되어 있으며 비타민 U도 녹색 부위에 다량 함유되어 있다. 비타민 U는 위궤양의 치료 및 예방에 효과가 있다. 간 기능 강화에도 효과적이다.

만 들 기_

1 양배추 굽기 : 4등분 한 양배추는 올리브유를 두른 팬에 넣고, 소금으로 간한 뒤 뚜껑을 덮어 약한불에서 삶는 듯 굽는다.
*두꺼운 팬을 사용하는 것이 좋다.

2 마늘토마토소스 재료 준비하기 :
- 마늘, 생표고, 홍고추는 모두 잘게 다진다.
- 토마토는 껍질을 벗긴 다음 다져 준비한다.
- 낫토는 미지근한 물에 살짝 씻은 다음 체에 밭쳐 준비한다.

3 마늘토마토소스 만들기 : 팬에 올리브유를 두르고 다진 마늘과 다진 표고버섯을 넣고 볶는다. 표고버섯이 어느 정도 익으면 다진 토마토와 낫토를 넣는다. 전체적으로 잘 섞어준 다음 간장과 물을 넣고 끓인다.

4 ③이 끓고 나면 깨소금과 다진 홍고추를 넣는다. 다 끓고 나면 물녹말로 농도를 맞추고 마지막에 참기름을 조금 둘러준다.
*걸죽하면 굳이 물녹말은 이용할 필요가 없다.

5 ①의 구워낸 양배추는 한 입 크기로 등분하여 그릇에 담고, 그 위에 마늘토마토소스를 끼얹어준다.

레드엔젤 Tip

이 요리에서는 낫토(納豆)를 반드시 미지근한 물에 한번 헹구어서 끈적임을 줄이도록 하고 마늘을 듬뿍넣어 발효취를 없애주는 것이 키포인트이다. 또한 양배추는 삶지 않고 타지 않게 팬에서 잘 구워야 양배추의 맛을 살릴 수 있다.

매콤한 꽃게해물구이

매콤한 떡볶이를 조금 럭셔리하게 먹는다고나 할까? 푸짐하게 넣은 해산물이 식탁 위를 풍성하게 하고, 맛깔스런 매콤한 소스가 계속해서 입맛을 자극한다.

● 꽃게
고열량 고단백 저지방 식품. 필수아미노산이 풍부하고 맛이 담백하며 소화가 잘되어 고혈압, 위장병 환자에게 좋다. 뼈를 튼튼하게 하고 노화를 방지하며 지방흡착과 이뇨작용이 뛰어나 비만을 예방한다. 항암효과가 큰 것으로 알려진 키토산이 풍부하며 꾸준히 먹으면 머리를 맑게 하고 두뇌발달을 도와준다.

재 료_

꽃게 ······ 4마리
새우 ······ 8마리
떡볶이 가래떡 ······ 8개 정도
브로콜리 ······ 1/2개

매콤한 소스 만들기
마른 고추 5개, 양파 2개, 마늘 5알, 된장 2큰술, 고추장 3큰술, 배 1/2개, 소금 1작은술, 맛간장 1/2컵, 물 1컵, 후추 1작은술, 참기름 2큰술

만 들 기_

1 매콤한 소스 만들기 : 매콤한 소스 재료를 모두 믹서기에 넣고 갈아서 준비한다.
미리 준비하여 냉장고에서 숙성시켜서 사용하면 맛이 더욱 좋아진다.

2 재료 손질하기 : 꽃게, 새우는 손질하여 준비한다. 브로콜리는 데쳐서 준비한다.

3 양념소스에 재우기 : ①의 양념소스에 손질한 꽃게, 새우, 떡볶이 가래떡, 브로콜리를 1시간 동안 재워 준비해 둔다.

4 오븐에 굽기 : 200℃에서 15분 정도 구워낸다.
*굽기 전에 올리브유를 살짝 뿌려서 버무려주면 더욱 맛이 좋다.

5 그릇 담기 : ④를 그릇에 담고, ②의 브로콜리는 남은 소스에 버무려 함께 그릇에 담도록 한다.

■ 맛간장 만들기
진간장 1컵, 물 1컵, 다시마 10×10cm 1장, 마른 고추 1개, 마늘 1개, 무 1/3개, 대파 1/3대, 배 1/2개를 넣고 10분 정도 끓인다.

레드엔젤 Tip

제철 해물을 이용하여 간편하게 해물찜을 만들 수 있고, 삼겹살을 재워 요리에 이용해도 효과적이다.

화이트와인드레싱을 이용한 가자미레몬구이

담백한 가자미와 사이드 식재료의 형형색색 색감이 일품인 요리로, 레몬향과 와인맛이 생선 특유의 비린 맛을 없애준다. 밖에서 업무 스트레스로 지친 남편에게 오늘 만큼은 몸에 좋고 몸을 가볍게 하는 요리를 한 번 해보자.

재 료_

가자미	2마리
올리브	4~5알
레몬	1/2개
감자	1개
마늘	2알
브로콜리	1/4개

화이트와인 드레싱

화이트와인 1/2컵, 레몬즙 3큰술, 소금 1작은술, 올리브유 3큰술, 후추약간, 바질 말린 것 1큰술, 월계수 잎 1개

만 들 기_

1 가자미 손질하기 :
가자미는 비늘을 제거하고 내장을 제거한다.

2 야채 손질하기 :
감자와 레몬은 0.5cm 두께로 둥글게 썰어 준비한다.

3 오븐기에 손질한 가자미와 레몬과 감자슬라이스, 올리브를 넣고 화이트와인 드레싱을 만들어 붓도록 한다.

4 오븐에 굽기 :
200℃에서 20분 정도 굽는다.
* 감자와 레몬이 타지 않도록 호일로 윗부분을 덮어준다.

● 가자미

광어와 비슷하게 생겼는데 등을 중심으로 왼쪽에 눈이 있으면 광어, 오른쪽에 눈이 있으면 가자미이다. 가자미를 소금에 절인 뒤 좁쌀밥과 무를 넣고 버무려 삭힌 젓갈을 '가자미식해'라고 한다.
저칼로리 · 저지방 · 고단백 생선으로 비타민 B_1, B_2, D와 타우린, 칼슘, 콜라겐이 풍부하다. 특히 껍질에 비타민이 풍부하므로 껍질째 먹으면 노화방지와 피부미용에 좋다.
가자미의 콜라겐 성분은 조려먹었을 때 효과가 더 크므로 마늘과 생강을 넣어 조리거나 쪄서 먹는다. 살이 쉽게 부서지므로 손질 후 소금을 뿌려 살을 단단하게 해주는 것이 좋고, 조릴 때도 자주 뒤집지 않도록 주의한다. 토막 내어 바삭하게 튀기면 뼈째 먹을 수 있어 골다공증 예방에 효과적이다.

레드엔젤 Tip

가자미가 익으면서 나오는 수프와, 함께 곁들여 먹을 수 있는 부드러운 빵을 내도록 한다. 빵에 스며든 수프국물이 입맛을 더욱 돋운다.

No 치즈! 버섯&문어를 넣은 오븐구이

치즈를 사용하지 않고 만들어낸 그라탱 요리. 버섯과 문어, 의외의 조합이 입맛을 자극하고 치즈를 대신하는 소스의 고소함이 일품이다. 시원한 화이트와인 한 잔이 생각나는 초간단, 초담백 요리이다.

재 료_

생 표고버섯	5장
새송이버섯	2개
자숙문어	1/3마리
올리브	10개
화이트와인	1/2컵

치즈를 대신할 소스

생 빵가루 2컵, 다진 마늘 2큰술, 다진 파슬리 5큰술, 소금 1작은술, 후추, 올리브유 1/2컵, 레몬즙 1큰술

● 문어

단백질과 지방, 탄수화물, 비타민 B와 C, 무기질을 골고루 함유하고 있으며 타우린이 풍부하다. 간 기능을 강화하고 피를 맑게 하며 구토와 설사를 진정시키는 효과가 뛰어나다. 단, 소화가 잘되지 않으므로 위장이 약한 사람은 주의해야 한다.

만 들 기_

1 버섯 손질하기 : 버섯류는 먹기 좋은 크기로 썰어 놓는다. 올리브는 동그랗게 썰어서 준비한다.

2 문어 손질하기 : 자숙문어는 이미 삶아져 있으므로 잘 씻은 다음 버섯과 같은 크기로 썰어준다. 썰어진 문어는 화이트와인을 넣어 살짝 주무른다. 화이트와인을 이용하면 비린 맛을 제거하고 문어의 신선함을 높여준다.

3 소스 만들기 : 치즈를 대신할 소스를 분량대로 만든다. 볼에 생 빵가루와 올리브유, 다진 마늘을 넣고 손으로 잘 섞는다. 빵가루에 올리브오일 색이 배면 다진 파슬리를 넣고 소금, 후추, 레몬즙을 넣어 소스를 만든다.

3

4 오븐 용기에 올리브유를 바르고 버섯과 문어 소스를 넣는다. 다시 버섯과 문어를 넣고 소스를 뿌리는 작업을 반복한다. 그 위에 썰어 놓은 올리브를 올리는데 타지 않도록 깊이 넣어준다.

4

5 오븐에 굽기 : 200℃로 예열된 오븐에서 15분 정도 노릇하게 구워낸다.

레드엔젤 Tip

생 빵가루가 올리브유와 마늘향을 듬뿍 머금고 오븐구이 후 버섯과 문어를 맛깔스럽게 하는 키포인트 재료가 되므로 반드시 마른 것보다는 생것으로 준비한다.

이런 피자라면 한 번쯤! 감자명란젓구이

명란젓은 의외로 치즈와 잘 어울린다. 특유의 명란젓 비린 맛을 없애주기 위해 첨가한 감자와 청양고추는 맛을 한층 업시켜준다. 아이들의 간식이나 야식으로 강추 메뉴이다.

재료_

삶은 감자 ······ 4개분량
껍질 제거한 명란젓 ······ 2덩이
또띠아 ······ 4장
모짜렐라 치즈 ······ 1/2컵
다진 파슬리 ······ 2큰술
청양고추 ······ 2개
타바스코 소스 ······ 약간
다진 실파 ······ 3큰술
체다치즈 ······ 약간
소금, 후추

A | 마요네즈 2큰술, 소금, 후추, 레몬즙 1큰술, 생강즙 1작은술

만 들 기_

1 감자 으깨기 : 삶은 감자는 뜨거울 때 으깬 후 Ⓐ를 넣고 부드러운 반죽상태가 되도록 준비한다.

* 매시드포테이토를 만들어도 무방하다.(67쪽 참조)

2 반죽 만들기 : ①에 껍질을 벗긴 명란젓과 다진 청양고추를 넣고 다시 잘 섞는다.

3 또띠아에 반죽 얹어 굽기 : 살짝 기름 두른 팬에 또띠아를 올리고, 그 위에 ②를 넣고 넓고 편편하게 펴준다. 다진 파슬리와 모짜렐라 치즈를 토핑으로 얹고, 다른 또띠아로 덮어준다. 전을 지지듯이 앞뒤로 뒤집어가며 노릇하게 구워낸다. 이때 타지 않도록 주의한다.

4 그릇 담기 : 다 구워진 또띠아는 피자커터로 등분하여 잘라준다.

5 토핑얹기 : 위에 체다치즈와 다진 실파, 타바스코소스 등을 토핑으로 얹으면 맛이 더욱 살아난다.

● 감자

아이들의 경우 감자를 이유식이나 간식으로 만들어 먹이면 충치를 예방할 수 있다. 특히 감자 생즙을 꾸준히 먹으면 오래된 변비를 없애주고 암을 예방할 수 있다.
비타민 B_1, B_2, B_6, 나이아신, 비타민 C, K, 카드뮴, 인, 철, 칼슘 등이 풍부하게 함유되어 있다. 섭취량에 비해 열량이 적고 감자의 비타민 C는 조리과정에서 파괴되지 않는 것이 특징이다. 폴리페놀계 성분 함량이 높아 암을 예방하는 데에도 효과가 있다.

레드엔젤 Tip

* 타바스코 소스와 청양고추는 매콤한 맛을 더욱 증가시켜 주고 명란젓의 비린 맛을 없애주어 치즈와 조화를 이루게 해준다.
* 모짜렐라 치즈나 체다 치즈를 모두 사용하지 않고 담백하게 감자 명란젓만을 또띠아에 넣고 구워내는 것도 좋다.

고추기름드레싱으로 버무린 알감자구이

잘 익은 야채와 매콤한 고추드레싱이 조화를 이룬 매력적인 자연음식이다. 제철 자연음식의 맛을 살리기 위해서 신안 최고의 천일염을 사용해 보았다. 좋은 천일염이 각 야채의 맛과 향을 더욱 살려준 듯하다.

재 료_

양파	1개
새송이버섯	2개
생표고버섯	2장
싸리버섯	1/3팩
알감자	1대접
무	1/5개

A | 굵은소금 1작은술, 다진 마늘 1작은술, 올리브유 2큰술, 후추, 화이트와인 1큰술, 레몬즙 준비

고추기름 드레싱

고추기름 · 간장 · 미림 각각 2큰술씩, 깨소금 1큰술, 꿀 1큰술, 정종 1큰술, 다진 마늘 1큰술, 후추 약간, 참기름 1작은술

만 들 기_

1 야채 손질하기 :

양파, 새송이버섯, 생 표고버섯, 싸리버섯은 한입 크기로 썰어준다. 무는 쉽게 익지 않으므로 얇게 편으로 썬다. 알감자는 껍질째 깨끗이 씻어서 끓는 물에 5분 정도 삶아준다. 이때 반드시 소금간을 한다.

* 큰 알감자는 먹기 좋은 사이즈로 1/2~1/3등분 한다.

2 야채 밑간하기 :

오븐용 팬에 ①의 재료를 모두 넣고 Ⓐ를 넣어 골고루 잘 버무린다.

3 오븐에서 굽기 :

180℃로 예열된 오븐에 20분간 구워낸다. 굽는 중간에 꺼내어 타지 않게 뒤적거려 준다.

4 드레싱 얹어 그릇 담기 :

오븐에서 꺼내어 고추기름 드레싱을 골고루 뿌리고 버무려 마무리한다.

● 무

무는 속병을 없애는 소화제라 불릴 정도로 전분 분해효소인 디아스타제를 함유하고 있어 소화를 도와주기 때문이다. 따라서 떡이나 밥을 먹을때 무와 같이 먹으면 좋다. 그 밖에 단백질인 라이신 함량이 높아 곡류 단백질의 부족한 영양소를 보충할 수 있다. 무는 오장의 나쁜 기를 다스려 몸을 가볍게 하고 고기와 생선의 독을 없애주는 효능을 가지고 있다. 무는 구입한 즉시 잎을 잘라내야 영양 손실을 막을 수 있으며, 무 잎을 자를 때는 푸른 부분이 조금 남아 있게 자르는 것이 무의 수분증발을 막을 수 있다. 무를 씻어 물기를 없애고 신문지에 싸 두면 오래 보관할 수 있다.

레드엔젤 Tip

이 요리의 키포인트는 바로 굵은소금과 후추이다. 아무리 고추기름 드레싱이 맛있다고 해도 A를 넣지 않고 오븐구이를 하면 야채의 맛이 너무 밋밋해서 오븐구이 후 고추기름 드레싱 맛만 나게 된다.

야채군만두

두부, 돼지고기, 김치를 이용한 기존의 고기만두나 김치만두가 아닌, 대두콩과 대파 등을 이용해서 만든 속이 꽉 찬 만두요리로 먹으면 먹을수록 다시 한 번 더 먹고 싶은 강추 메뉴이다.

재 료_

만두소 재료

당근 ······ 1/3개
삶은 대두콩 ······ 1/2컵
생표고 ······ 5장
대파 ······ 15cm
다진 생강 ······ 1/2작은술
다진 마늘 ······ 1작은술
참기름 ······ 1작은술
소금 ······ 1/2작은술
밀가루 ······ 3큰술
후추

그 외 재료

만두피 ······ 20장
올리브유 ······ 1큰술

곁들임장

간장 2큰술, 식초 1작은술

● 대두

대두에는 30~50%의 단백질과 13~25%의 지방이 들어 있다. 씨알은 그대로 밥에 두어 먹는 외에 된장 · 간장 · 두부 · 콩나물 등의 원료로도 이용된다. 대두콩에는 트립신의 활동을 방해하는 특정 단백질이 들어 있어 콩을 날로 먹으면 소화가 잘 되지 않는다. 하지만 콩을 가열할 경우 이 단백질 성분이 변성된다. 결국 트립신이 활성화되어 소화효소의 침입이 용이해지는 것이다.

만 들 기_

1 야채 손질하기 : 만두소 재료에 해당되는 모든 재료(대두콩만 제외)는 다져서 준비한다.

2 야채 볶기 : 팬에 생강과 다진 마늘을 넣고 참기름을 두른 다음 ①의 내용물을 넣고 볶아준다. 소금과 후추로 간한다.

3 만두소 만들기 : 으깬 대두콩과 ②의 볶아낸 야채를 섞어준다.
* 대두콩을 삶을 때는 오래도록 삶아서 손으로 쉽게 으깨질 정도가 되어야 한다. 이때 숙주나물이 있으면 물기를 꼭 짠 뒤 잘게 다져서 넣어준다.

4 만두 만들기 : 만들어진 만두소로 만두를 빚는다.

5 만두 굽기 : 팬에 기름을 두르고 만들어진 만두를 일렬로 놓고 굽는다. 다 구워지면 곁들임장을 준비하고, 곁들이 야채도 함께 낸다.

레드엔젤 Tip

만두를 구울 때 물전분(물:전분=3:1)을 2~3스푼 넣어주고 팬 뚜껑을 닫아서 익히면, 만두피 겉은 바삭하고 속은 부드럽게 구워지면서 맛있는 만두가 만들어진다.

낫토를 넣은 찐만두

낫토와 대파의 맛이 그득하고 만두피와 초간장의 맛이 더해져 시너지효과가 제대로인 색다른 만두요리이다.

재 료_

두부 1/2모
낫토 1팩
부추 1/4단
대파 1대
소금 1작은술
후추 1작은술
청 · 홍고추 .... 각 1개씩

그 외 재료

만두피 20장
올리브유

초간장만들기

식초 2큰술, 국시 간장 2큰술, 레몬즙 1작은술, 연겨자 1/2작은술

● 낫토
한국의 청국장과 비슷한 일본의 전통 발효식품.
낫토균을 이용해 발효시켜 냄새가 독특하고 실타래처럼 끈적하게 늘어난다. 혈압저하, 항암작용이 있어 영양 음식으로 부각되고 있다.

만 들 기_

1 만두소 재료 준비하기 :
- 두부는 물기를 완전히 제거한다. 청 · 홍고추도 다져서 준비한다.
- 부추와 대파는 모두 다져서 준비한다.
- 낫토는 미지근한 물에 씻은 다음 물기를 빼서 준비한다.

2 만두소 만들기 :
①의 재료를 모두 섞어서 만두소를 만든다.

3 만두 빚기 :
만두피에 만두소를 넣고 형태를 만든다.

4 만두 찌기 :
찜솥에 물이 끓으면 만두를 얹어 5분 정도 쪄낸다.

5 초간장을 만들어 함께 낸다.
* 찐만두는 연겨자를 첨가한 초간장을 만들면 더욱 좋다.

레드엔젤 Tip

만두소 재료의 담백함과 향신채소의 생생함은 피로회복에 도움이 된다. 부추나 대파는 볶지 않고 두부와 함께 섞어 만두소 재료를 만들도록 한다.

야채 춘권 구이 (16개 기준)

춘권 튀김은 많은데…한 번쯤 이렇게 만든 춘권구이를 디저트나 간식 또는 메인요리 스타일로 변화시켜 내놓는다면 칭찬받기에 자신하는 요리이다.

● 춘권_春卷
밀가루빵(춘권피)에 각종 야채와 고기를 넣고 굽거나 튀긴 중국음식.

재 료_

감자 4개
참기름 2작은술
녹말가루 1작은술
춘권피 16장
다진 마늘 1큰술
생 표고버섯 2장
대파 1대
새송이버섯 1개

A | 간장 1큰술, 소금 조금, 후추

만 들 기_

1 감자 으깨기 :
감자는 물기 없이 소금 간을 하여 삶은 다음 으깨 놓는다.

2 야채 볶아서 준비하기 :
생 표고버섯, 새송이버섯, 대파는 모두 잘게 다진 다음 팬에 참기름을 두르고 다진 마늘을 넣고 볶아낸다. Ⓐ로 간하고 녹말가루를 넣고 된 정도를 맞춰준다.

3 춘권소 만들기 :
①의 으깬 감자와 ②를 섞어서 춘권소를 만든다.

4 춘권 굽기 :
춘권피에 싼 다음 기름을 칠한 후 가위로 모양을 내고 200℃에서 10분 정도 굽는다.

레드엔젤 Tip

대파 향이 자연스럽게 묻어나고 감자의 담백한 맛이 일품인 춘권구이이다. 식어도 바삭거려서 간식거리나 후식으로도 적당하다. 이요리에서는 감자를 물기 없이 삶는 것이 가장 중요하다.

03

한 끼 식사로 거뜬한
럭셔리 밥요리

지루한 밥요리에 혁명이 일어났다. 야채 특유의 향과 맛을 살리고, 내 몸에 맞는 다양한 밥요리에 도전해보자. 한 끼 식사로 거뜬한 최고의 건강식이 이 안에 다 있다.

파래가루를 이용한 채소볶음덮밥

파래향이 가득한 야채볶음밥. 씹히는 감을 높이기 위해서 무청이나 다진 열무줄기를 넣어주면
거친 밥의 이미지가 온몸으로 느껴진다. 내 몸을 위한 건강한 메뉴원한다면 꼭 한 번 시도를!

재　　료_

- 파래가루 ··· 1컵
- 무청이나 열무 ··· 10줄 정도
- 마른 홍고추 ··· 1개
- 다진 마늘 ··· 1큰술
- 간장 ··· 1큰술
- 잡곡밥 ··· 3공기
- 후추 ··· 적량
- 달걀 ··· 4개
- 날치알볶음 ··· 1팩
- 양념김치

양념김치재료

- 김치 ··· 1/4포기
- 설탕 ··· 2큰술
- 참기름 ··· 2큰술
- 깨소금 ··· 1큰술
- 후추 ··· 적량
- 다진 마늘 ··· 1작은술
- 고추장 ··· 1큰술

● **무청**
겨울철에 부족하기 쉬운 비타민과 미네랄, 식이섬유가 다량 함유된 건강 식재료로 요즘에 각광받고 있다.
데쳐서 냉동보관하거나 그늘에 말려 보관하여 사용하면 좋다.

만　들　기_

1 채소 손질하기 :
① 무청이나 열무 줄기는 1cm 정도로 다져 놓는다.
② 마른 홍고추도 씨를 빼고 잘게 다진다.

2 채소 볶기 :
올리브 오일을 두른 팬에 다진 마늘을 넣어 타지 않고 향이 날 때까지 볶아 준다. 여기에 다져둔 무청이나 열무를 넣고 볶는다. 어느 정도 볶아지면 간장과 후추를 넣어 간한다.

3 밥과 함께 볶기 :
칼칼한 맛을 위해 다져둔 ②의 마른 고추를 넣고 볶다가 그 후에 파래가루를 넣어 골고루 버무려준다. 시판용 날치알과 잡곡밥은 소금과 후추로 밑간을 하여 잘 섞어둔다.

4 양념김치와 함께 내기 :
준비된 모든 재료를 골고루 잘 버무려준다. 양념김치는 함께 넣고 버무리거나 별도로 얹어낸다.

레드엔젤 Tip

양념김치의 감칠맛은 이 요리의 키포인트이므로 꼭 포함한다.

* 김치는 다진 다음 국물을 제거하고 갖은 양념류를 넣어 버무려 준비한다.

청국장 크로켓을 얹은 나물무침밥

생 청국장을 이용하여 만든 크로켓의 고소한 맛과 크로켓 특유의 부드러움이 일품인 요리이다.
거친 나물밥과 토핑으로 얹은 크로켓의 상반된 맛은 이 요리의 흥미를 자극한다.

재 료_

뜨거운 밥 ······ 2공기
시금치, 고사리등의 나물류 ···· 1/2컵 분량
깨소금 ······ 1큰술
참기름 ······ 1큰술

청국장 크로켓 재료

양파 ······ 1/2개
당근 ······ 1/4개
부추 ······ 1/4단
청국장 ······ 1팩
카레가루 ······ 1큰술
다진 파 ······ 3큰술
연겨자 ······ 1작은술
밀가루 ······ 1컵
달걀 ······ 1개
빵가루 ······ 1컵
식용유

데리야끼소스

간장 1컵, 생강1쪽, 설탕 2큰술,
미림 3큰술

● 청국장
청국장에 다량 함유된 바실루스 서브틸리스균은 다른 유해한 세균을 제거하고 혈전을 용해하는 능력이 있어 항암효과에 탁월하고 성인병 예방에 효과적이다(121쪽 참조).

만 들 기_

1 재료 손질하기 :
양파와 당근을 다져서 볶는다. 준비된 나물은 먹기 좋은 크기로 자른다.
* 양파는 수분을 제거하기 위해 설탕물에 담가서 면보에 싸준다.

2 청국장 크로켓 만들기 :
청국장 크로켓 재료와 볶아낸 ①을 모두 섞어서 완자 모양으로 성형한 후 팬에 전 지지듯 튀겨낸다.

3 나물밥 만들기 :
뜨거운 밥에 다진 나물류를 섞어 밥을 만든다.

4 크로켓 얹어내기 :
②의 크로켓을 나물밥 위에 얹어준다.

5 소스 뿌려내기 :
데리야끼 소스를 만들어 크로켓 위에 뿌려준다.
* 데리야끼 소스는 분량의 내용물을 모두 담아서 한소끔 끓여서 식힌다.

레드엔젤 Tip

카레가루와 약간의 연겨자는 청국장 크로켓의 키포인트가 되는 재료이다. 그냥 먹기에는 다소 심심할 수 있는 크로켓의 맛을 한층 업그레이드해준다.

묵은지를 넣은 캘리포니아롤

마요네즈가 듬뿍 담긴 캘리포니아롤에 익숙한 우리에게 신선하고 담백하며 깔끔한 맛의 묵은지 캘리포니아롤은 흑백의 조화와 컬러풀한 식재료가 입맛을 더욱 자극한다.

재 료_

밥	3공기
묵은 김치	1/4포기
달걀	2개
시금치	1/2단
마른 표고버섯	4장
깻잎	10장
김	3장

A | 깨소금 1큰술, 배합초(설탕 3 : 식초 2 : 소금 1) 1큰술, 참기름 1큰술

B | 깨소금 1작은술, 다진 마늘 1작은술, 설탕 1/2작은술, 후추, 참기름1/2작은술, 정종 1작은술

● 캘리포니아롤
생선, 야채, 과일을 이용하여 서구인의 입맛에 맞춰 변형한 초밥이다. 날치알, 맛살튀김, 장어구이 등 다양한 식재료를 사용하는 것이 특징이다.

만 들 기_

1 배합초 만들기 : 분량의 배합초를 넣고 한 번 우르르 끓여준다.

2 계란말이 하기 : 달걀은 소금 넣고 잘 섞어서 팬에 1cm 두께로 계란말이를 한다.

3 시금치나물 만들기 : 시금치는 살짝 데쳐서 다진 마늘, 생강즙, 깨소금, 참기름을 넣어 양념한다.

4 표고버섯 볶기 : 마른 표고버섯은 물에 불린 다음 가늘게 채 썰어 물기를 제거한 후 간장, 다진 마늘, 깨소금으로 밑간하여 참기름을 두른 팬에 볶아서 준비한다.

5 묵은지 무치기 : 묵은지는 한 번 대강 씻은 다음 물기를 제거한 후 Ⓑ를 넣고 버무린다.

6 밥 양념하기 : ①에 만들어진 배합초와 Ⓐ의 깨소금, 참기름을 밥에 넣어 골고루 섞어준다.

7 롤 싸기 : 김발 위에 랩을 깔고 밥을 얹어 고루 편다. 그 위에 김을 깔고 깻잎, 묵은지, 달걀말이, 시금치, 표고 볶음을 넣고 돌돌 말아준다.

8 그릇 담기 : 먹기 좋은 크기로 썰어서 그릇에 담아낸다.

레드엔젤 Tip

A, B의 양념을 잘 만들어야 감칠맛 나는 묵은지 무침이 밥과 조화를 이루어서 맛있는 묵은지 캘리포니아롤이 탄생된다.

당근 소보로 토핑을 얹은 주먹밥

당근과 우엉을 이용해 보슬보슬한 소보로를 만들어 밥 위에 얹은 핑거푸드.
레몬즙으로 맛을 낸 초고추장이 입맛을 더욱 당긴다. 마치 쌈밥을 재현한 듯하나 순수 자연채소로만 만들어서 위에도 부담감이 적다.

재료_

- 흰밥 ········· 2공기
- 상추 ········· 적당량
- 식용유 ········· 3큰술
- 참기름 ········· 적량
- 깨소금
- 소금
- 후추

초고추장 재료

- 고추장 ········· 3큰술
- 레몬즙 ········· 1큰술
- 현미식초 ········· 2큰술
- 매실청 ········· 1큰술
- 설탕 ········· 2큰술
- 다진 마늘 ········· 1작은술
- 깨소금 ········· 1큰술
- 참기름 ········· 1작은술

당근 소보로 재료

- 당근 ········· 1개
- 우엉 ········· 15cm길이
- 간장 ········· 3큰술
- 생강즙 ········· 2큰술
- 소금 ········· 1/2작은술
- 미소 ········· 1큰술
- 두부비지가루 ········· 2큰술
(빵가루로 대신해도 좋다.)
- 다진 호두 ········· 1큰술

만들기_

1 당근을 강판에 간다. 이때 즙도 버리지 않고 같이 준비해둔다.

2 우엉은 가늘게 채 썰어 기름 두른 팬에 볶아낸다(타지 않도록 주의한다).

3 ②의 볶아낸 우엉채에 ①의 갈아둔 당근과 당근 소보로 나머지 재료를 함께 넣어 팬에 수분이 없어질 때까지 보슬보슬하게 볶아낸다.

4 분량의 재료대로 초고추장을 만들고 밥은 참기름, 소금, 깨소금으로 간을 하여 준비한다.

5 ④의 밥은 한입 크기로 동그랗게 만들고 상추 위에 올린 다음, 당근 소보로와 초고추장을 토핑으로 얹어낸다.

● 당근

열량이 낮고 포만감이 커서 다이어트에 좋고 체내 불균형을 잡아주는 완벽한 식품이다. 당근이 주홍빛을 띠는 것은 베타카로틴이라는 성분 때문인데, 베타카로틴은 몸 안에 들어가 비타민 A로 바뀌기 때문에 프로비타민 A로 불린다. 비타민 A는 피부 저항력을 길러주고 피로회복에 좋으며 혈압과 혈당, 혈중 콜레스테롤 수치를 낮춰 성인병을 예방한다.

레드엔젤 Tip

당근을 기본으로 우엉채가 덕지덕지 붙어 있어서 이름 붙인 당근소보로 주먹밥은 초고추장을 맛나게 만들어 쌈 싸서 먹기에 좋은 요리이다. 기호에 따라 돼지고기를 넣은 약고추장을 이용하면 야채의 신선함과 돼지고기의 고소함이 함께 묻어나 훨씬 더 멋진 요리가 될 수 있다. 일본 된장과 간장 맛이 함께 어우러져 있으므로 짜지 않게 요리할 수 있도록 주의한다.

매실장아찌 주먹밥

레드엔젤이 추천하는 우메보시를 이용한 요리 제2탄.
어린이용 간식이나 도시락 메뉴로 그만.
가끔은 이런 브런치를 만들어 파는 카페를 오픈하고
싶을 정도로 맛있고 예쁜 요리이다.
입맛이 없을 때나 기운이 없을 때
산뜻하고 개운함을 줄 수 있는 요리다.

재 료_

따뜻한 밥	2공기	간장	1큰술
후리가케	3큰술	구이김	1장
깨소금	2큰술	다진 마늘	1작은술
매실장아찌	4개	생강즙	1작은술
참기름	1큰술	깻잎	3장

만 들 기_

1 매실장아찌는 씨를 제거 후 다져서 준비한다.

2 볼에 밥과 후리가케, 깨소금, 다져둔 매실장아찌, 참기름, 간장, 다진 마늘, 생강즙을 넣고 잘 섞는다.

*스테인리스 볼을 사용할 경우 밥이 뜨거워서 수분이 생기므로 나무통을 사용하는 것이 좋다. 나무통이 없을 경우에는 밥을 내용물과 섞는 동안 선풍기를 틀거나 부채질을 해서 잔여 수분을 증발시킨다.

3 개인의 기호에 맞게 원형, 타원형, 삼각형 모양의 주먹밥을 만든다.
구이김과 깻잎을 잘게 썰어 토핑으로 얹어낸다. 새콤달콤한 맛의 신선한 돌나물 샐러드를 함께 곁들여 내면 좋다.

4 돌나물 샐러드 만들기 :

재료 | 돌나물 1봉지
드레싱 재료 | 다시간장 2큰술, 정종 1큰술, 깨소금 1큰술, 다진 마늘 1작은술, 후추, 참기름 1/2작은술

돌나물을 깨끗이 씻어 물기를 털어 준 다음 드레싱에 무쳐 내면 된다.

● 돌나물
돈나물, 돗나물이라고도 부른다. 초봄에 재배한 것일수록 칼슘과 비타민이 풍부하다. 식욕을 돋우고 피를 맑게 하며 간질환에 효과가 뛰어나다. 한방에서는 간염이 있거나 폐가 좋지 않은 사람에게 돌나물 생즙이 특효라고 한다. 꾸준히 먹으면 암을 예방할 수 있다.
기본적으로 손질할 때 비벼 씻거나 오랫동안 물에 담가 놓으면 풋내가 나기 쉽다. 소금을 조금 넣은 물에 담근 뒤 살살 흔들어 씻는데, 젓가락으로 휘휘 저어가며 씻으면 쉽게 물러지지 않아서 좋다. 끓는 물에 소금을 넣고 냄비 뚜껑을 열어놓은 상태에서 센 불에 재빨리 데쳐낸다.

● 후리가케
밥, 죽, 니기리고항 위에 뿌려 먹기 위해 어분, 김, 깨, 소금 등을 섞어서 만든 가루 모양의 식품.

레드엔젤 Tip

차가운 밥을 사용할 경우 기타 내용물과 잘 섞이지 않고 맛이 배지 않아 겉돌게 되므로 가능한 한 뜨거운 밥을 이용하는 것이 키포인트이다.

넛트류를 이용한 야채빠에야

사프란의 향이 물씬 풍겨 이국적인 느낌이 살아나는 스페인식 볶은밥인 빠에야를 조금 변형해서 만들어 본 요리. 해산물이나 동물성 식재료 등은 전혀 사용하지 않아 야채 특유의 맛이 쌀에 배어 있고, 편육부추무침이나 김치와 마른김을 함께 먹으면 더욱 감칠맛이 난다.

재료_

당근 ······ 2개
만가닥버섯 ······ 1팩
새송이버섯 ······ 2개
넛트류(호두, 아몬드, 잣) ······ 1컵
양파 ······ 1개
마늘 ······ 2개
올리브유 ······ 4큰술
쌀(씻어서 물기 뺀 것) ······ 1.5컵

빠에야에 사용할 국물 만들기

사프란 적량, 미지근한 물 1.5컵, 미네랄 소금 1작은술, 후추, 화이트와인 1컵, 간장 1큰술, 마른 고추 1개

● **빠에야**_ paella
프라이팬에 쌀과 고기, 해산물을 함께 볶은 스페인의 전통 요리로 볶음밥의 일종.

● **사프란**_ saffron
붓꽃과의 여러해살이풀로, 꽃의 암술대를 건조시켜 만든 향신료.

만들기_

1 향신채 손질하기 : 마늘은 얇게 편썰기하고 양파는 굵게 다져 놓는다.

2 야채 손질하기 : 당근은 반달모양으로 썰고, 버섯류도 먹기 좋은 크기로 썰어 준비한다.

3 준비된 야채류 볶기 : 깊이가 깊은 냄비팬에 오일을 두르고 마늘과 양파가 투명해질 때까지 볶는다. 여기에 만가닥버섯과 새송이버섯을 넣고 3분 정도 볶다가 준비한 쌀을 넣고 볶는다.

4 사프란 처리하기 : 사프란은 미지근한 물에 충분히 불려서 향과 색이 충분히 우러난 다음 체에 걸러 국물만 사용한다.

5 빠에야 만들기 : 쌀이 눌지 않게 약불에서 저어가며 3분 정도 볶다가(이때 야채의 수분으로 쌀을 볶아준다), 우려낸 사프란 국물과 국물재료 나머지(소금, 후추, 화이트와인, 간장, 채 썬 마른 고추)를 넣고 뚜껑을 덮고 10분 정도 약불로 끓인다. 불은 끈 후 넛트류를 넣고 잘 섞은 후 5분 정도 뜸을 들인다.

6 오븐에 굽기 : 뚜껑을 열고 올리브오일을 표면에 뿌려준 다음 220℃로 예열된 오븐에서 5분간 구워준다. 오븐에서 꺼내어 다진 생 파슬리와 레몬즙을 뿌려서 마무리한다.

레드엔젤 Tip

오븐에서 구우면 밥이 속까지 익게 되어 기름을 사용하지 않고도 볶은밥처럼 꼬들꼬들해져서 먹기 편하다. 이 과정을 거치면 사프란 향이 은근히 묻어나서 맛이 역하지 않다. 또한 마른 홍고추와 생 파슬리 가루는 이 요리의 잡냄새를 제거하는 키포인트 재료이다.

동치미 누룽 초밥

남녀노소 누구나 즐길 수 있는 초밥요리로 시원한 동치미 무를 이용하여 만들어 보았다.
동치미의 시원한 맛과 실파, 생강 토핑과의 조화도 일품이며 왠지 자연 발효음식을 먹는 듯한 뿌듯함마저 든다.

재　　료_

동치미 무(슬라이스) ··························· 12장
밥 ·· 3공기

토핑 재료

다진 실파 ·· 2큰술
통깨 ·· 1작은술
다진 생강 ·· 1작은술

동치미 무 양념

소금 1/2작은술, 깨소금 1작은술, 참기름 1/2작은술, 후추, 생강즙 약간

초밥 양념

배합초 2큰술, 다진 마늘 1작은술, 깨소금 1큰술, 참기름 1큰술, 표고버섯 볶음채 2큰술 정도, 다진 청양고추 1큰술, 시판용 후리가케 2큰술

* 배합초 만들기(105쪽 참조)

만　들　기_

1 표고버섯 볶기 : 표고버섯을 잘게 다져서 양념하여 볶는다.

* 표고버섯 볶음채는 '묵은지 캘리포니아롤(105쪽)' 4번 참조

2 동치미 양념하기 : 동치미 무는 얇게 슬라이스한 다음 물기를 꼭 짜서 동치미 무 양념재료를 넣고 무친다.

* 동치미 양념에 설탕을 첨가하면 동치미 특유의 맛이 사라지므로 유의한다. 또 생강즙은 동치미의 시원한 맛을 살려주므로 첨가하는 것이 좋다.

3 밥 양념하기 : 뜨거운 밥에 초밥 양념을 넣고 버무려 놓는다.

* 배합초 만드는 법은 '묵은지 캘리포니아롤' 참조

4 틀에 찍어내기 : 사각 밥 틀에 랩을 씌운다. 맨 밑에 ②의 무친 동치미를 겹쳐서 깐다. 그 위에 ③의 밥을 넣고 랩을 위까지 끌어올려 뚜껑을 덮어서 눌러준다.

5 토핑 얹어내기 : 사각틀에서 나온 누름초밥은 칼로 썰어낸 다음 실파 토핑을 얹어준다.

● 동치미

동치미는 겨울 동치미와 봄·여름 동치미로 나뉘는데, 그 중 겨울 동치미가 맛과 영양이 우수하다. 겨울 동치미는 자그마하고 매운맛이 있고 물기가 많은 무를 골라 껍질째 깨끗하게 씻는다. 소금에 무를 굴려 묻혀서 항아리에 담아 2일간 그대로 절여둔다. 이때 무에 소금이 배어서 수분과 무의 수용성 성분이 방출되어 국물이 흥건히 생긴다. 이렇게 되었을 때 소금간을 맞춘 물을 준비하고 마늘·생강 저민 것, 파를 통째 썬 것을 거즈 주머니에 넣어 무 사이에 끼워 떠오르지 않게 한 다음 무를 넓적한 것으로 살짝 눌러 놓고 준비한 소금물을 붓는다. 여기에 껍질 벗긴 배를 통으로 넣으면 더욱 좋다. 봄과 여름에 먹는 동치미는 무를 적당한 크기의 사각형으로 썰어서 소금에 잠깐 절였다가 마늘 저민 것, 파 통째로 썬 것, 붉은 고추를 좁고 길게 썬 것 등을 함께 섞어서 항아리에 담고 무를 절였을 때 생긴 국물에 물을 타서 소금으로 간하여 붓는다. 여기에 오이와 배를 함께 넣으면 빛깔과 맛이 모두 좋아진다.

레드엔젤 Tip

후리가케는 이 요리의 키포인트 재료이므로 비록 부담스러운 인스턴트 제품이지만 준비하여 소량만 사용해 밋밋한 누름초밥의 맛을 업시켜보자.

* 동치미 무는 차게 준비하는 것이 좋다.

스트로베리 팥밥

딸기와 팥밥, 전혀 어울릴 것 같지 않은 이질적 요소의 만남!
물러진 딸기를 이용하면 더욱 맛난 딸기밥을 만들 수 있다. 먹으면 먹을수록 딸기향이 계속해서 입안에 맴돈다.

재　　료_

딸기	10개 정도(작은 것)
불린 쌀	2컵
물	2컵
불린 팥	1/2컵
소금	약간

만　들　기_

1 딸기는 조금 익은 상태로 상온에 두면 좋다. 손으로 조금 으깨어 준비한다

2 냄비에 쌀과 팥을 넣은 후 으깨놓은 딸기를 얹고 소금을 넣은 다음 분량의 물을 붓는다.

3 평소대로 밥을 짓는다. 밥이 다 되었으면 주걱으로 밥을 골고루 섞어준다. 딸기의 형체는 알아볼 수 없고 향만 느낄 수 있다.

4 곁들이로 김치와 오징어젓 등을 함께 내면 딸기밥의 진수를 알 수 있다.

● 딸기

천연 비타민제인 딸기는 열량이 낮고 각종 비타민과 무기질이 풍부한 과일이다. 특히 비타민C가 100g당 99mg으로, 사과의 20배이며, 귤의 두 배가 넘을 정도로 비타민C가 많은 과일이다. 하루 딸기 5~6알이면 하루에 필요한 비타민C를 충족할 수 있다. 딸기에 많은 비타민C는 체내 산화를 방지하여 암을 예방하고 세포와 혈관을 튼튼하게 해줘서 탄력 있는 피부를 만든다. 딸기를 먹을 때 설탕을 뿌려서 먹게 되면 설탕은 딸기의 비타민B_1의 흡수를 방해하여 영양 효율을 낮추기 때문에 좋지 않다.

● 팥

팥에는 녹말 등의 탄수화물이 약 50% 함유되어 있으며, 단백질이 약 20% 함유되어 있다. 씨껍질의 색소는 항산화물질인 안토시안이며 알칼리성이어서 철냄비에 끓이면 검은색을 띠게 되고, 산이나 공기에 접촉하면 붉은색을 띠게 된다.

레드엔젤 Tip

지나치게 딸기를 많이 넣으면 딸기 향이 진동하게 되므로 딸기는 2컵 분량에 10개 정도를 넣는다. 싱싱한 딸기는 밥이 된 후에도 쉽게 으깨어지지 않으므로 완숙이 충분히 된 딸기를 이용하는 것이 좋다. 팥을 넣으면 전체적으로 붉은 기운이 돌아 딸기를 넣은 것조차도 모르게 밥을 즐길 수 있다.

드라이 카레덮밥

일반적으로 생각하는 카레덮밥과는 달리 카레가루를 이용하여 토핑처럼 만들어내서 밥과 함께 비벼먹는 색다른 요리로, 담백한 카레요리를 즐기고 싶다면 한 번 도전해볼 만한 메뉴이다.

재료_

소고기 다진 것 ········· 200g
다진 마늘 ········· 2큰술
양파 ········· 1/2개
당근 ········· 1/3개
표고버섯 ········· 2장
카레가루 ········· 4큰술
소금 ········· 2작은술
후추 ········· 약간
올리브유 ········· 3큰술
화이트와인 ········· 2큰술

(고기류를 대신해서 순수하게 다진 표고버섯만을 이용해서 만들어도 좋다.)

버터라이스 재료

버터 ········· 1큰술
쌀 ········· 2컵
물 ········· 1.5컵
생 파슬리가루 ········· 2큰술
소금 ········· 약간

치킨스톡 ········· 1개
(버터를 사용하지 않고 육수물과 올리브유만을 사용해서 밥을 지어도 좋다.)

기타재료

포테이토칩 ········· 1포
삶은 달걀 ········· 2개

● **카레**
카레의 노란색은 강황tukneric이라는 재료인데, 강황은 혈행을 좋게 해 관절의 통증 완화, 당뇨·비만 등 성인병 예방, 항암 효과 등이 있다.

만들기_

■ 버터라이스 만들기

1 밥솥에 버터라이스 재료를 모두 넣고 밥을 한다.

2 밥이 다 되면 파슬리를 넣고 전체적으로 섞어 준비해 둔다.

3 파슬리를 넣게 되면 색이 빨리 변하므로 드라이카레 준비시간과 맞출 수 있게 한다.

＊마치 볶음밥처럼 밥이 꼬들꼬들하고 고소하며 파슬리 향이 진하게 묻어나서 느끼하지 않고 담백하다.

■ 드라이카레 덮밥 만들기

파슬리를 넣은 버터 라이스와 드라이카레를 곁들여 놓고, 토핑으로 삶은 달걀과 김치칩을 함께 곁들여낸다.

■ 드라이카레 만들기

1 양파와 당근, 표고버섯은 1cm 정도로 작게 썰어서 준비해 둔다.

2 팬에 올리브유를 두르고 다진 마늘을 넣고 다진 소고기를 넣고 볶다가 ①을 넣고 함께 볶는다. 화이트와인을 넣고 카레가루를 넣고 잘 볶아준다. 마지막에 후추로 간을 한다.

＊카레의 진한 향을 그대로 느낄 수 있고 부담감이 없어서 좋다. 재료와 카레분이 잘 섞이게 볶아야 한다.

레드엔젤 Tip

파슬리는 미리 넣으면 색과 향이 사라지므로 반드시 먹기 직전 넣어야 색과 향을 즐길 수 있다.

청양고추를 넣은 멸치주먹밥

매콤한 청양고추가 오히려 입안을 자극하여 청량감을 준다. 더불어 고소하게 볶아낸 멸치는 씹는 감을 한층 높여준다.

재　　료_

멸치 1컵
청양고추 3개
깻잎 10장
버터 1작은술
김가루 준비

밥 양념

밥 3공기, 깨소금 2큰술, 참기름 3큰술, 다진 마늘 1큰술, 소금 1/2작은술, 후추

만　들　기_

1 뜨겁게 달군 팬에 버터를 녹이고 멸치를 바삭하게 볶아낸다. 멸치는 체에 밭쳐서 이물질을 모두 제거한다.

* 멸치는 이미 간이 되어 있으므로 볶을 때 소금 등의 간은 하지 않는다.

2 밥 양념을 하고 다진 청양고추와 ①의 볶아둔 멸치를 2/3 정도만 넣고 함께 버무려 먹기 좋은 크기로 주먹밥을 만든다.

* 토핑으로 김가루와 잔멸치를 이용하게 되므로 밥의 간은 세지 않게 하는 것이 좋다.

3 깻잎은 채를 썰어 준비한다.

4 접시 바닥에 남은 1/3의 멸치를 깔고 ②의 주먹밥을 놓는다. 그 위에 토핑으로 깻잎과 김가루를 얹어낸다.

* 깻잎 향이 신선함을 더해주고 동시에 밥이 쉽게 마르지 않게 하므로 주먹밥을 만들 때는 토핑물을 이용하는 것이 효과적이다.

● 청양고추

매운맛을 내는 캡사이신 함유량이 풋고추의 15배에 달한다. 100g을 기준으로 250~300mg이나 들어있다. 캡사이신 성분은 식욕을 높여주기도 하지만 지방축적을 막아주는 효과도 있다. 꾸준히 먹으면 체지방을 줄여주어 다이어트에 도움이 된다.

● 멸치

봄 멸치와 가을 멸치가 있는데, 산란을 위해 근해로 들어오는 3~5월 멸치가 영양이 더 풍부하다.
칼슘은 물론 불포화지방산(EPA, DHA)과 동물성 단백질, 베타카로틴, 비타민 B_1, B_2, 무기질이 풍부해서 성장기 아이들의 발육을 돕고 갱년기 여성의 골다공증을 예방한다. 산모가 먹으면 태아의 뼈 형성에 도움을 준다. 콜레스테롤을 제거하는 타우린도 다량 함유되어 있다.

레드엔젤 Tip

이 요리의 키포인트는 버터에 심플하게 볶아낸 잔멸치와 청양고추에 있다. 아무것도 넣지 않고 잔멸치의 비린 맛 없이 볶아내며 깔깔한 청양고추의 맛이 상쾌함을 더해준다.

생청국장을 넣은 필라프

신선한 야채와 함께 생청국장의 진하고 고소한 맛을 느낄수 있다. 필라프는 간단한 재료로 만들수 있는 초스피드한 영양만점 건강요리이다.

재　　료 _ (4인분)

양파 ········· 1/2개
올리브유 ········· 2큰술
양송이버섯 ········· 10개
생청국장 ········· 2팩
간장 ········· 1큰술
소금 ········· 1/2작은술
후추
정종 ········· 1큰술
생강즙 ········· 조금
불린 쌀 ········· 2컵
물 ········· 2컵
검은 ········· 후추
파슬리 가루 ········· 약간

만　들　기 _

1 양파는 다지고 양송이버섯은 1/2등분, 생청국장은 미지근한 물에 살짝 흔들어 체에 밭쳐둔다.

2 팬에 올리브오일을 두르고 다져둔 양파를 볶는다. 양파가 투명해지면 버섯과 생청국장, 불린 쌀을 넣고 볶는다. 이때 간장, 소금, 후추로 간을 한다.

3 밥솥에서 ②의 재료와 분량의 물을 넣고 밥을 짓는다. 이때 뜸을 충분히 들여준다.

4 밥이 다 되면 검은 후추와 파슬리가루를 뿌려 마무리한다. 기호에 따라서 마른 홍고추를 가늘게 채 썰어 첨가해도 좋다.

● **필라프**_ pilaf
쌀이나 으깬 밀과 같은 곡식에 고기양념을 섞어 만든 터키식 음식.

● **청국장**
된장에 마늘, 고춧가루, 소금 등을 가미해 발효시킨 것으로, 단백질과 칼슘은 물론 필수아미노산과 비타민 B군, 나이아신, 판토텐산 등이 풍부하다. 숟가락으로 떠 보아 점액질의 실이 길게 뽑아져 나오는 것이 좋은데, 청국장의 끈적끈적한 실은 클루타민산과 과당이 결합된 것으로 소화가 잘되게 하고 변비를 치료하는 효과가 있다. 간을 해독하고 체내 니코틴을 배출하여 술, 담배를 하는 사람에게 특히 좋은 식품이다.

레드엔젤 Tip

생청국장의 맛을 잃지 않게 하려면 기존의 방법처럼 생청국장을 지나치게 여러번 씻지 않고 한두번 정도만 씻어서 준비한다.

단호박 주먹밥

유자주스의 향이 은은하게 풍기면서 신선한 맛이 더해진다. 묵은김치무침은 입맛을 돋우고 단호박의 색이 감돌면서 보는 것만으로도 건강함을 느낄 수 있는 요리이다. 단호박과 표고버섯의 색 조화가 일품이다.

재료_

단호박 ········· 1/4개
불린 쌀 ········· 2컵
물 ········· 1.5컵
소금 ········· 1작은술

A | 유자쥬스 1큰술, 깨소금 1큰술

B | 표고버섯 3장, 단밤 8개, 묵은지 무침 약간

● 단호박
열량이 낮으며 섬유질, 지방, 칼슘과 인, 비타민 A, C가 풍부하다. 소화흡수가 잘되고 위점막을 보호하기 때문에 위장이 약한 사람, 특히 회복기의 환자에게 좋은 식품이다. 호박씨에는 레시틴과 필수아미노산이 많이 들어있어 꾸준히 먹으면 머리를 좋게 한다.
들어보아 묵직하고 껍질이 단단한 것, 황록색을 띠며 윤기가 있고 표면에 하얀 가루가 묻어있는 것이 맛있다. 두드려 보았을 때 속이 빈 소리가 나는 것이 좋다. 잘라서 파는 것은 절단면이 싱싱하고 촉촉하며, 노란색이 짙고 씨가 많은 것을 고른다.

만들기_

1 단호박은 얇게 납작썰기 한다. 솥에 쌀, 납작 썬 단호박, 소금, 물을 넣고 밥을 짓는다.

2 밥을 다 되면 Ⓐ를 넣고 단호박을 으깨면서 밥과 골고루 섞어준다. 이때 Ⓑ의 표고버섯 볶음과 단밤을 넣고 다시 한 번 골고루 섞는다.

3 표고버섯은 채 썰어 간장 1큰술, 다진 마늘 1작은술, 참기름 약간을 넣고 간한 뒤 볶아 준비한다.
단밤은 먹기 좋은 사이즈로 다져 놓는다. 묵은지는 씻어서 물기를 제거한 다음 간(소금, 설탕, 깨소금, 참기름)을 하여 준비한다.

4 모든 재료를 잘 섞어 동그란 모양의 주먹밥을 만든다. 그 위에 묵은지 무침을 살짝 얹어낸다(묵은지 무침 '캘리포니아 롤' 참조).

레드엔젤 Tip

밥을 하는 동안 단호박 자체에서 수분이 나오므로 물의 양을 평소보다 조금 적게 계량하는 것이 키포인트이다.

두유를 넣은 야채국수

야채를 이용한 퓨전 콩물국수. 야채로 국수면발을 만들어 가볍게 두유에 담가 먹으면 색다른 여름철 별미요리를 즐길 수 있다.

● 두유
콩을 갈아서 만든 밀크상태의 음료로, 대부분 불포화지방산으로 구성되어 있어 성인병예방에 효과적이다.
시중에서 멸균두유와 냉장두유가 판매되고 있는데, 두유 특유의 맛을 즐길 때는 냉장두유를 권한다.

재 료_

무 ········· 1/4개
오이 ········· 1개
당근 ········· 1개
소면 ········· 2인 분량

A | 콩물 1L, 두유 2컵, 소금 약간, 설탕 2큰술, 레몬즙 2큰술

만 들 기_

1 무, 오이, 당근은 필러peeler를 이용해서 길게 밀어낸다.

2 길게 밀어낸 ①의 야채는 말아서 가늘게 채 썰어 국수 가닥처럼 만들어 준다. 이것을 얼음물에 담가 시원하게 준비해둔다.
* 야채를 물에 너무 오래 담가두면 뻣뻣해지므로 잠시만 담갔다 시원하게 보관하는 것이 좋다.

3 소면은 끓는 물에 넣고 삶다가 끓어오르면 찬물을 부어가며 삶은 후 찬물에 헹궈 건진다.

4 Ⓐ를 모두 섞어 국수 국물을 만든다.

5 국수와 ②의 준비한 야채를 섞어 똬리로 만든 다음 그릇에 담는다. 준비한 콩물을 붓고 기호에 맞게 토마토나 오이채 등의 토핑물을 얹어 낸다.

레드엔젤 Tip

* 두유는 기호에 따라, 계절에 따라 뜨겁게 준비하거나 시원하게 준비하여 맛을 즐길 수 있도록 한다. 뜨겁게 준비한 두유에는 오이보다는 죽순채나 향이 나는 야채가 있어도 좋다.
* 기호에 따라 두유에 설탕 간을 조금 해도 좋다.

그린 스파게티

보는 것만으로도 '내 몸이 다시 한번 건강해지지 않을까' 생각이 드는 요리다. 항암효과가 뛰어난 브로콜리를 메인으로 한 색다른 파스타요리. 익숙한 크림치즈 파스타 등과는 다른 청량감이 감도는 요리이다.

재 료_

새송이버섯	1개	다진 마늘	2큰술
브로콜리	1/3개	올리브유	4큰술
스파게티 면	2인 분량	마른 고추	1개
다진 파슬리	2큰술	화이트와인	1/3컵
소금	1 큰술	치킨스톡	1/2개
후춧가루	약간		

만 들 기_

1 새송이버섯은 스파게티 면처럼 길게 채 썰어 준비한다.

2 스파게티 면은 끓는 물에 소금과 식용유를 한 방울 떨어뜨린 후 10분 정도 삶아준다.

* 스파게티는 부채꼴 모양으로 펼쳐 넣어야 달라붙지 않는다. 뚜껑을 덮고 삶다가 스파게티가 서로 달라붙지 않도록 두세 번 나무주걱으로 저어주면서 8~10분간 삶으면 알단테 상태로 삶아진다. 찬물에 헹구면 면들이 달라붙게 되므로 찬물에 헹구지 않도록 한다.

3 브로콜리는 먹기 좋은 크기로 잘라 끓는 물에 살짝 데치고, 파슬리는 곱게 다져 준비한다.

* 파슬리는 다진 다음 면보에 싸서 찬물에 살짝 흔들어주면 파슬리의 쓴맛이 사라지고 작업하기에도 편하다.

4 달궈진 팬에 올리브유를 두르고 다진 마늘과 마른 고추를 넣고 향을 낸 후 ①의 버섯을 넣고 볶는다. 어느 정도 익으면 스파게티 면을 넣고 볶은 후 치킨스톡과 브로콜리를 넣어준다(화이트와인을 넣어 전체적인 맛의 조화를 꾀한다). 간은 소금과 후추로 하고 완성되면 파슬리 가루를 넣고 다시 한번 섞어준다.

* 알단테_ al dente
파스타류의 맛을 볼 때, 한가닥 끊어 보아 가운데 부분에 하얀 심이 보이는 상태로 약간의 저항력을 갖고 있어 씹는 촉감이 느껴지는 상태를 말한다.

● 파슬리
비타민과 미네랄, 칼슘과 인, 카로틴이 풍부하다. 아연은 마늘에 버금가는 양이 들어있어서 스태미나에 도움이 된다. 식욕을 높여주고 해열과 이뇨에도 효과가 있다. 면역력을 키워 질병을 예방하고 입 냄새를 없애준다. 잎이 진한 녹색을 띠고 잎자루와 잎맥의 간격의 좁은 것, 어린 잎이 많은 것이 좋다. 고기요리에 곁들여 먹으면 고기와 지방의 부패를 방지하고 소화를 잘 되게 한다.

● 브로콜리
11월에서 3월까지가 제철이다. 비타민 B_1, B_2, B_6, C, K, 엽산, 판토텐산, 철, 칼륨, 마그네슘, 아연, 구리 등 비타민과 미네랄이 풍부하게 들어있다. 특히 비타민 C의 경우 레몬의 2배, 토마토의 8배나 들어있어서 꾸준히 먹으면 혈관을 튼튼하게 하고 스트레스에 대한 저항력을 길러주며 암을 예방할 수 있다.

레드엔젤 Tip

화이트와인을 넣어 잡냄새를 제거한 후 소금과 후추로 간하고 파슬리 가루를 넣어 완성한다.
파슬리의 쓴맛은 전처리를 통해 잘 없애도록 하고, 화이트와인을 이용해서 전체적인 맛의 조화를 이루도록 한다.

04

칼로리 걱정 없이 입안이 즐거운

디저트

단 과자들이 없는 세상은 참 쓸쓸할 것 같다.

개인적으로 단과자 매니아로서 일적인 스트레스, 가정의 스트레스, 인간관계의 스트레스 등 수많은 잡다한 스트레스를 풀어주는 최고의 친구가 때론 이런 단과자들이 해주고 있다는 생각마저 든다. 케이크, 쿠키, 아이스크림, 비스킷, 초콜릿 등은 필요악의 간식거리들이다. 그렇지만 피부건강, 육체건강, 때로는 정신 건강까지 생각한다면 쉽게 사 먹고, 쉽게 손이 가는 간식거리들이 얼마나 내게 도움이 됐을까 생각이 들 때도 있다. 그래서 만들어본 심심풀이 超건강 간식거리들. 칼로리가 높은 버터와 생크림과 우유 같은 유제품류, 달걀 등을 사용하지 않고 만들어 본 스위트류이다. 직접 해보면 의외로 쉽고 간단한 디저트 만들기 망설이지 말고 도전해 보자.

두부크림으로 만든 티라미수

티라미수에는 기본적으로 열량과 지방이 높은 생크림과 마스카르포네치즈가 다량 함유된다. 체중증가의 불안함 없이 즐길 수 있는 티라미수를 유사하게 한번 만들어 보았다. 먹으면서도 보면서도 행복한 두부크림은 마음까지 편안하게 해준다.

재 료_

두부크림 재료

- 두부 ······ 1/2모
- 순두부 ······ 1/2모
- 올리브유 ······ 2큰술
- 사과주스 ······ 1/3컵
- 메이플시럽 ······ 4큰술
- 레몬즙 ······ 1큰술
- 리큐어 ······ 1작은술
- 소금 ······ 약간

단코코아가루 재료

- 코코아가루 ······ 4큰술
- 유기농 설탕 ······ 2큰술

만 들 기_

1 순두부와 두부는 수분을 제거한 뒤 으깨서 준비한다.

*두부는 반드시 끓는 물에 데쳐서 사용해야 간수 맛이 빠져 맛도 좋고 사용하기 편리하다. 두부 수분을 제거할 때는 위에 무거운 것을 올려 놓거나 면보로 싼 두부를 전자레인지에서 3분 정도 돌리면 여분의 수분을 제거할 수 있다.

*부드러운 맛을 원하는 사람은 순두부로만 한 모 사용하는 것이 좋다.

2 두부크림 재료를 믹서기에 모두 넣고 부드럽게 간다.

*단맛은 기호에 따라 조정한다.

3 틀에 두부크림 재료를 넣고 단 코코아가루를 체에 쳐서 뿌린 다음 다시 두부크림을 얹고 코코아가루를 뿌리는 작업을 반복해 준다.

4 ③을 냉장고에 1시간 동안 둔 다음 시원하게 먹으면 된다.

두부의 수분제거 방법

① 끓는 물에 두부 끓이기 → 면보에 싸서 무거운것으로 눌러놓기
② 순두부는 고운체에 밭쳐 놓기

● 티라미수

마스카르포네치즈로 만든 이탈리아식 디저트 중 하나로 '티라미수'는 '나를 끌어 올린다' 즉 의역하면 '기분이 좋아진다'는 뜻이다.

● 두부

두부는 우유나 달걀에 버금갈 만큼 단백질 함량이 높고, 콜레스테롤과 포화지방산이 거의 없는 좋은 식품이다. 100g당 열량이 91kcal 밖에 되지 않아 다이어트에도 도움이 된다. 트립토판, 라이신, 글루타민산과 같은 필수아미노산이 풍부해서 동맥경화에 좋으며, 꾸준히 먹으면 암을 예방할 수 있다. 모양이 부서지거나 찌그러지지 않은 것을 고르고 상한 냄새가 나지 않는지 확인한 뒤 구입한다. 팩에 담긴 것을 구입했을 때는 연한 소금물이 담긴 그릇에 옮겨 담고 매일 물을 갈아주면 일주일쯤 보관이 가능하다.

레드엔젤 Tip

두부크림을 만들 때 반드시 두부가 갖고 있는 수분을 제거할 수 있을 만큼 없애줘야 나중에 맛있는 티라미수를 맛볼 수 있다. 리큐어와 레몬즙은 두부크림의 키포인트 재료이다.

단호박크림으로 만든 과일 스무디

설탕량이 많고 포만감이 길지 않은 스무디는 여름철 최고 음료지만 칼로리가 높아서 한편 불안하다. 이 요리는 그런 불안감을 씻어주고 단호박 천연의 맛과 토핑으로 얹은 과일의 향이 즐거움까지 준다.

재료_

단호박 크림 재료

- 쪄서 으깬 단호박 ······ 1.5컵
- 두유 ······ 1컵
- 유기농 밀가루 ······ 4큰술
- 올리브유 ······ 3큰술
- 리큐어 ······ 2큰술
- 소금
- 메이플시럽 ······ 8큰술
- 바닐라에센스 ······ 적당
- 레몬즙 ······ 1큰술

토핑 재료

- 블루베리
- 딸기, 키위, 또는 산딸기 등

● **리큐어**_ liqueur
증류하여 만든 주정에 과실, 과즙, 약초 등의 성분을 넣고 설탕, 포도당, 꿀, 시럽 등 감미료를 넣은 혼성주

● **스무디**_ smoothie
과일, 과일주스에 우유나 아이스크림을 넣어 만든 음료

만들기_

1 으깬 단호박에 레몬즙을 제외한 크림 재료를 모두 넣고 믹서기에 돌린다.

* 단호박은 물기 없이 쪄서 매시드기로 곱게 으깨는 것이 중요하다.
* 밀가루는 팬에 살짝 볶아줘야 밀가루 특유의 냄새가 나지 않는다.
* 올리브유는 전체적으로 크림타입의 식감을 갖을 수 있도록 도와주는 재료이므로 되도록 맛이 좋은 올리브유를 선택하도록 한다.

2 ①의 단호박크림은 냉장고에 넣어 시원하게 만든 후 다시 한 번 믹서에 돌려준다. 이때 레몬즙을 첨가한다.

* 단맛을 업시켜주는 레몬즙과 리큐어는 꼭 필요한 재료들이다. 리큐어가 없는 경우 매실청을 사용해도 좋다.

3 예쁜 컵에 단호박 크림을 얹고 과일을 토핑으로 얹어 세팅한다.

레드엔젤 Tip

이 요리를 만들 때 반드시 단호박의 물기를 제거하여야 단호박의 찰진 느낌이 살아난다.

브로콜리 쿠키

맛이 없고 못생긴 독특한 향의 브로콜리는 한때는 신이 버린 음식으로 불렸지만 최근 들어 항암효과에 탁월한 식재료로 각광받게 되었다. 이 브로콜리를 이용하여 설탕, 버터와 달걀을 사용하지 않은 웰빙 간식거리를 만들어 보자.

재 료_

브로콜리	1대	넛트류(아몬드, 땅콩, 호두, 캐슈넛 등)	
밀가루	1컵	올리브유	4큰술
콩가루	1/2컵	소금	약간
메이플시럽	8큰술	레몬즙	1큰술

● 메이플시럽
메이플시럽(Maple syrup)은 단풍나무의 진액으로 만드는 감미료의 하나이다. 캐나다와 미국에서 주로 와플이나 팬케이크와 함께 먹는다. 그 외에도 빵, 사탕, 후식을 만드는 데 재료로 들어가거나 맥주를 만들 때 당의 주원료나 감미료로 이용되기도 한다. 수크로스는 메이플시럽을 구성하는 주된 당 성분이다. 아메리카 토착민들이 처음으로 메이플시럽을 채취하여 사용하였고 이후 유럽에서 건너온 정착민들도 이를 받아들여 이용하게 되었다.

만 들 기_

1 브로콜리는 데친 후 물기를 완전히 제거한다. 먹기 좋게 자른 브로콜리를 줄기까지 모두 잘게 다진다.

2 밀가루는 콩가루와 함께 기름칠을 하지 않고 팬에 볶아준다.

3 ①의 다진 브로콜리에 ②의 볶아낸 밀가루와 콩가루를 섞고 올리브유, 시럽, 견과류를 넣고 쿠키 반죽을 만든다.

* 견과류는 기름기 없는 팬에 중간불에서 볶아내도록 한다. 견과류 자체가 갖고 있는 기름냄새를 없애주며 고소한 맛이 증가된다. 견과류는 씹기 좋게 잘게 다진다.

4 냉장고에서 30분 정도 휴지한 다음, 사각이나 원형 또는 스틱 형태로 성형하여 160℃ 오븐에서 30분간 구워낸다.

레드엔젤 Tip

밀가루와 버터, 달걀을 사용하지 않은 야채류를 이용한 쿠키나 케이크 등의 오븐요리를 할 때 주의할 점은 baking 도중 수분이 배출되므로 오래 굽는 것이 중요하다. 중간 중간 타지 않도록 제빵용 종이를 덮거나 위치를 바꿔주어야 한다.

말린 과일 경단

말린 과일(乾果)을 잘게 다져, 고소한 콩가루를 입혀 만들어낸 핑거푸드로, 떫은맛의 홍차나 녹차, 아메리칸 스타일의 커피와 잘 어울리는 건강식 디저트이다.

● **핑거 푸드_** finger food
도구(젓가락, 포크)를 사용하지 않고 손으로 먹는 음식.

재 료_

곶감 ········· 5개
대추 ········· 3알
말린 과일류(크랜베리, 푸룬 등)
콩가루 ········· 1/3컵
메이플시럽 ········· 약간
레몬즙 ········· 약간
호두 ········· 4알
캐슈넛 ········· 5알 정도

만 들 기_

1 곶감은 먹기 좋게 자르고 대추는 씨를 제거한 후 가늘게 채 썰어 준비한다.
* 너무 딱딱한 곶감보다는 꼬들꼬들하게 잘 말려진 곶감이 더욱 작업하기 편리하다.

2 말린 과일류는 리큐어에 담가 육질이 물러지게 준비한다.
* 리큐어에 담가두면 잡티가 제거되면서 과일 향이 더욱 살아나게 된다.

3 견과류는 팬에 볶아 잘게 다져 준비해 둔다.

4 ①, ②, ③, ④의 재료들을 볼에 담아 모두 섞어서 반죽을 만든다. 만들어진 반죽은 뜯어서 하나하나 동그랗게 경단 모양으로 만든다.
* 메이플시럽을 첨가하면 재료들이 잘 붙게 된다. 내용물의 반죽이 무를 때는 콩가루를 첨가한다.

5 접시 위에 콩가루를 놓고 경단 모양으로 만들어진 알들을 동굴려준다.

레드엔젤 Tip

콩가루를 지나치게 많이 넣게 되면 단단해져서 먹기가 곤란하므로 곶감의 부드러운 맛을 느낄 수 있도록 하는 것이 키포인트다. 푸룬(prune:말린자두)을 사용할 때는 리큐어에 담그지 말고 그 자체를 다져서 사용하는 것이 좋다.
* 기호에 따라 코코아가루를 토핑가루로 사용해도 좋다.

No 치즈! 단호박과일 그라탱

치즈를 사용하지 않고 순수한 자연 단호박크림을 만들어서 오븐에 구워낸 과일 그라탱.
오븐에 구워진 과일맛이 단호박크림과 잘 어우러진 일품요리이다.

재 료_

A 재료

사과 ········· 1개
알포도 ········· 10알

B 재료

찐 단호박 ········· 2컵
두유 ········· 1컵
밀가루 ········· 4큰술
올리브유 ········· 2큰술
메이플시럽 ········· 4큰술
레몬즙 ········· 1큰술
꾸앵트로
시나몬가루

● **꾸앵트로**_ cointreau
프랑스에서 오렌지 껍질로 만든 리큐어. 일명 오렌지술이라고도 한다.

● **시나몬**_ cinnamon
계수나무 등의 껍질(계피)을 벗겨 건조시킨 향신료.

● **램킨**_ ramekin
한 사람이 먹을 분량의 음식을 담아 오븐에 구워 상에 내는 데 쓰이는 작은 그릇.

만 들 기_

1 Ⓑ의 재료를 모두 믹싱한다(섞어서 준비한다).

* '단호박 크림'(133쪽)을 만들 때보다는 조금 되직하게 준비하는 것이 오븐에서 구워 나왔을 때 더욱 먹기 편리하다.

2 사과는 씨를 제거하고 편 썰어 준비하고, 포도는 반으로 잘라 준비한다.

* 포도가 없을 때는 말린 자두와 바나나를 함께 사용해도 맛이 잘 어울린다. 바나나를 첨가하면 부드러운 맛을 느낄 수 있어 좋다.

3 램킨(오븐용 냄비)에 단호박크림을 담고 준비한 과일을 얹고 시나몬가루를 뿌린다. 이 과정을 두 번 반복한 다음 160℃에서 15분간 굽는다.

레드엔젤 Tip

일반적으로 황설탕과 시나몬슈거를 가미하는데, 이 요리에서는 특히 시나몬 향이 과일들과 잘 어울려 꼭 필요한 재료이다.

두부비지가루를 넣은 스콘

두부비지가루를 넣어서 섬유질이 풍부한 스콘을 만들어 보자. 시중 커피숍에서 판매되고 있는 스콘과는 달리 버터와 설탕을 사용하지 않아 속에 채운 딸기잼과 크림치즈의 맛을 100% 실감할 수 있다.

재　료_

밀가루(박력분)	100g
두부비지가루	150g
베이킹파우더	약간
메이플시럽	4큰술
올리브유	4큰술
건포도/크랜베리	1/2컵
두유	100ml
난황	1개
댓잎가루	2큰술
소금	10g

속재료

딸기잼과 크림치즈 준비

● **콩비지**
대두를 하룻밤 충분히 불린 뒤 맷돌에 곱게 갈고 3~4배의 물을 붓고 끓인다. 이것을 짜면 두유가 되는데, 두유를 짜내고 남은 것이 비지이다. 콩의 고소한 맛이 살아있고, 섬유질을 비롯하여 단백질, 지방도 풍부하다. 혈압을 내리고 콜레스테롤 수치를 낮춰 성인병을 해소하는 데 효과가 있다.

● **스콘_** scone
밀가루를 주 재료로 하여 구운 영국의 전통 빵이다. 기호에 따라 홍차가루, 다진 호두 같은 넛트류, 오렌지 필, 블루베리나 크랜베리, 건포도, 초콜릿 등을 넣어 만든 대표적인 티푸드 중의 하나이다.

만　들　기_

1 볼에 박력분과 두부비지가루, 베이킹파우더, 댓잎가루는 섞어서 체에 내린다. 건포도와 크랜베리는 화이트와인에 담근 다음, 체에 밭쳐 수분기를 제거한다.

2 ①의 가루에 메이플시럽, 올리브유, 소금을 모두 넣고 섞는다. 여기에 두유와 난황을 넣고 혼합하여 반죽을 만든 후, 냉장고에 30분 정도 휴지시킨다.

3 ②의 반죽은 밀대를 이용하여 두께 2cm 정도로 밀어준다. 반죽이 도마에 붙지 않도록 밀가루를 살짝 뿌리면서 작업한다.

4 ③의 반죽을 직경 3~4cm 정도의 원형틀을 이용하여 찍어준다.

5 ④의 원형반죽을 베이킹 팬에 놓고 위에 올리브유 칠을 하고 170℃ 오븐에서 20분간 굽는다.

레드엔젤 Tip

스콘을 먹을 때는 크림치즈와 딸기잼 등을 곁들여 함께 먹으면 더욱 좋다.

두부비지가루를 이용한 넛트쿠키

두부비지가루를 이용하여 섬유질 듬뿍 담긴 과자를 만들어 보자. 입안이 심심하고 허기질 때 간단하게 즐길 수 있는 과자류이다. 커피나 홍차와 잘 어울리며 기호에 따라 크림치즈와 함께 먹어도 좋다.

재 료_

두부비지	160g	너트류	1/2컵
박력분	60g	올리브유	1/2컵
유기농설탕	80g	소금	약간
아몬드 가루	30g		

만 들 기_

1 비지가루, 박력분, 아몬드가루는 체에 내린 후 소금간을 한다.

2 넛트류는 기호에 따라 적량 준비하고 팬에 한번 볶아준다.
＊해바라기씨, 땅콩, 호두, 캐슈넛, 피스타치오 등 기호에 따라 준비한다.

3 ①과 ②에 올리브유를 넣고 반죽한다. 쿠키반죽은 가래떡 모양으로 동글려가며 만든다.

4 ③의 반죽은 랩에 싼 후 냉동실에 30분 정도 둔다.

5 동그란 원형 모양으로 자른 다음 콩가루를 살짝 묻혀서 180℃ 오븐에서 20분간 구워낸다.

■ 가정에서 베이커리용 비지가루 만드는 방법

- 먼저 두부 비지의 수분을 제거하는 것이 가장 중요하다. 건조기를 이용해서 충분히 수분을 제거하여 말린 후 믹서기에 여러 번 돌려주면 부드러운 타입의 가루가 만들어진다.
- 건조기가 없는 경우에는 오븐에서 1시간(140℃) 정도 말리도록 한다. 단 윗부분이 타지 않도록 도중에 가끔 섞어준다.

● 호두
지방, 단백질, 비타민 E가 풍부한 스태미나 식품으로, 불면증이나 치매, 뇌동맥경화를 예방하는 뇌 건강식품이기도 하다. 꾸준히 먹으면 피부를 윤기 나게 하고 노화를 방지한다. 같은 크기라도 무거운 것이 알이 꽉 차서 좋으며, 표면이 올록볼록한 것일수록 맛있다. 껍질이 연한 황색을 띠며 깨물었을 때 속이 꽉 차 있고 껍데기가 얇은 것을 고른다. 껍질을 벗기면 지방이 산패해 변질되기 쉬우므로 껍질째 그냥 보관한다.

● 땅콩
양질의 단백질은 물론 동맥경화를 예방하는 불포화지방산, 치매를 예방하는 레시틴 등이 풍부하게 들어있다. 피로회복은 물론 기억력 향상에 좋으며 대표적인 항암식품이기도 하다. 모양과 크기가 균일하고 가지런하며 표면이 매끈한 것이 좋다. 껍질이 잘 부서지지 않고 껍질 안쪽이 흰색을 띠는 것이 국산이다. 볶을 때는 껍질이 잘 벗겨지지 않고 볶은 후에는 껍질이 잘 벗겨져야 좋은 밤이다. 볶은 땅콩을 오래 두면 암이나 성인병을 유발하는 과산화지질이 생기기 쉬우므로 오래 두고 먹을 것이라면 볶지 않고 보관하는 것이 좋다.

레드엔젤 Tip

두부비지가루를 첨가하면 반죽의 탄성이 적고 부풀림이 적어지기 때문에 베이커리 요리에 가루를 사용할 때는 반드시 이 점을 감안해야 한다.

미역·멸치과자

간단하게 즐길 수 있는 간식거리로는 그만인 예로부터 즐겨 먹던 과자이다. 짭짤한 맛이 일품으로 맥주 안주로도 좋은 자꾸만 손이 가는 건강간식이다.

재 료_

박력분	200g	소금	약간
베이킹파우더	1작은술	미역(불린 것)	30g
달걀	1개	잔멸치	1/2컵
물	40cc	튀김기름	적량
유기농 설탕	2큰술		

만 들 기_

1 박력분과 베이킹파우더는 체에 내린 다음 설탕과 달걀을 넣어 가볍게 섞어준다.

2 불린 미역은 물기를 제거하여 잘게 자르고 잔멸치와 함께 ①에 넣어 반죽한다.

* 잔멸치는 반드시 뜨거운 팬에 버터 없이 볶아야 하는데, 이는 멸치 특유의 비린 맛을 없애기 위해서이다.
* 멸치는 반드시 크지 않은 것으로 잔멸치나 뱅어포 등을 잘게 잘라 이용해도 좋다. 잔멸치를 더욱 맛있고 고소하게 즐기기 위해서는 버터에 한 번 볶아낸 다음 반죽에 합쳐서 과자를 만들면 훨씬 더 고소하다.

3 ②에 물을 넣어 반죽하고 랩으로 덮어 30분간 숙성시킨다.

4 ③의 반죽은 밀대로 밀어 두께 0.5cm 정도로 만든 후 길이 5cm로 잘라 꽈배기 모양으로 비틀어준다.

5 170℃ 기름에서 튀겨낸다.

● 미역
미역의 표면에 미끈거리는 성분이 바로 콜레스테롤과 혈당을 낮춰주는 알긴산이다. 알긴산은 스펀지 효과가 있어서 스펀지처럼 콜레스테롤, 중금속 같은 발암물질을 빨아들여 몸 밖으로 내보낸다. 갑상선 기능저하증에 좋은 요오드, 골다공증과 빈혈을 예방해주는 칼슘, 칼륨 등 미네랄이 풍부하다.

● 멸치_
칼슘은 물론 불포화지방산(EPA, DHA)과 동물성 단백질, 베타카로틴, 비타민 B_1, B_2, 무기질이 풍부해서 성장기 아이들의 발육을 돕고 갱년기 여성의 골다공증을 예방한다. 산모가 먹으면 태아의 뼈 형성에 도움을 준다. 콜레스테롤을 제거하는 타우린도 다량 함유되어 있다.

레드엔젤 Tip

반죽을 두껍게 밀면 튀기고 난 뒤 기름맛이 강하게 되므로 최대한 얇게 밀어서 튀기는 것이 좋다.

두부크림을 이용한 블루베리 베이글 샌드위치

천연밀의 맛이 제대로 느껴지는 베이글과 두부크림치즈소스와 상큼한 블루베리 맛의 조화를 이룬 건강식으로 바꿔 보았다. 의외로 두부크림치즈는 담백하면서도 정말 깔끔하다.

재료_

건 블루베리	2큰술	레몬즙	2큰술
베이글	2개	꾸앵트로	1작은술
		유기농설탕	1큰술
A | 요거트 시판용	**1개**	리큐어	1/2작은술
두부	1/2모	소금, 후추 약간	
크림치즈	1큰술		

만들기_

1. 건 블루베리는 브랜디에 5분 정도 담가둔 다음 작게 잘라준다.
2. 두부는 끓는 물에 데친 다음 면보를 이용해서 물기를 되도록 완전히 제거한다.
3. ①의 블루베리와 ②의 두부 외 Ⓐ에 준비된 재료를 함께 거품기로 저어가며 잘 버무린다.
4. 베이글은 180℃ 오븐에서 3분간 굽거나 프라이팬에 살짝 구워낸다.
5. 만들어진 두부크림치즈를 얹어서 차와 함께 먹으면 좋다.

● **베이글**_ bagel
약 2000년 전부터 유대인들이 만들었던 빵으로, 베이글이라는 이름은 독일어로 말을 탈 때 두 발을 올려놓는 등자를 뜻하는 뷔글bugel에서 유래하였다. 베이글은 달걀·우유·버터 등을 넣지 않고, 밀가루·이스트·물·소금만으로 만든다. 따라서 지질·당분 함량이 적고 칼로리가 낮아 소화가 잘된다. 밀가루 반죽을 오븐에 넣어 직접 구운 일반 빵과 달리, 반죽을 끓는 물에 한번 데쳐서 겉을 익힌 후 굽는 것이 특징이다. 오븐보다 낮은 온도인 끓는 물에서 반죽을 익혀야 하므로 열전도율을 높이기 위하여 도넛 모양으로 만든다.

● **스프레드**_spread
빵에 발라먹는 식품. 예를 들어 케첩, 머스터드, 과일잼, 땅콩버터 등과 향신료나 양념, 다진 야채를 넣어 만들기도 한다.

레드엔젤 Tip

* 만들어진 두부크림치즈는 샐러드 소스로 이용하거나 빵의 스프레드로 이용하면 좋다.
* 두부크림치즈는 크림치즈 양을 줄여 만든 소스로 냉장고에서 3일 정도 보관 가능하므로 유의한다. 특히 이 소스를 만들 때는 반드시 두부의 물기는 최대한 제거하고, 레몬즙을 첨가하여 새콤한 맛을 내는 것이 키포인트이다.

야채 콤포트

먹고 남은 사과나 배 등 연육작용을 하는 효소가 들어있는 과일을 이용하거나 섬유질이 많은 야채류를 이용해서 만든 콤포트는 한국의 정과요리와 약간 비슷하다. 먹다 남은 푸룬(말린 자두)과 죽순과 연근을 이용해서 만들었는데, 디저트나 코스요리 사이에 입가심 요리로 꽤 반응이 좋은 요리 중 하나이다.

재료_

죽순	1대	시나몬스틱	2개
연근	1/2개	정향	1개
푸룬	10개	바닐라빈스	1개
레드와인	2컵	레몬즙	약간
물	1컵	애플민트	
설탕	1/2컵		

● **콤포트_** compote
과일에 설탕과 와인을 넣고 졸여 만든 디저트로 통조림 과일이나 사과, 딸기, 복숭아 등이 쓰인다.

● **푸룬_** prune
말린 자두를 푸룬이라고 하는데, 철과 비타민 A, 칼슘과 미네랄이 풍부하다. 체내 활성산소를 제거하는 훌륭한 영양식품일뿐 아니라 솔비톨 함량이 높아 꾸준히 먹으면 변비 해소에 도움이 된다.

만들기_

1 죽순은 7×2cm 정도 길이로 썰고 연근은 0.5㎝ 두께로 썰어 준비한다.

2 냄비에 레드와인과 물, 시나몬스틱, 정향, 바닐라빈스를 넣고 끓인다.

3 ②에 죽순, 연근을 넣고 끓이다가 국물이 1/3 정도로 졸아들면 푸룬(말린 자두)를 넣고 다시 한소끔 끓인다.

4 완성된 콤포트를 냉장고에 넣어 차게 식힌 다음, 컵에 담고 레몬즙을 뿌리고 애플민트를 올려준다.

레드엔젤 Tip

콤포트는 되도록 단맛이 덜한 과일을 이용해 만들면 좋다. 여기에 레몬이나 오렌지 같은 새콤한 맛을 내는 재료를 곁들이면 단맛이 깊어질 뿐 아니라 상큼한 향이 더해진다.

콩가루를 이용한 케이크

밀가루와 버터와 달걀, 우유로 만든 일반적인 케이크가 아니라, 어린 시절 엄마가 해주던 카스텔라빵과 같다. 옛 시절을 그리다가 만든 건강식 디저트이다.

재 료_

콩가루 1컵
박력분 2/3컵
레몬즙 2큰술

A |

고구마 잘게 다진 것 1/2컵
블루베리 1/4컵
말린 무화과 .... 5~6개
소금 .... 조금

B |

두유 1/2컵
올리브유 3큰술
럼주 2큰술
메이플시럽 4큰술
일본된장 2큰술
호두 .... 적량

만 들 기_

1 밀가루는 한 번 볶은 다음에 볼에 콩가루와 Ⓐ를 넣고 믹스한다.

* 날 콩가루인 경우는 반드시 팬에 볶아서 사용해야 콩 비린 맛이 없어지고 콩가루 특유의 고소한 맛이 증가한다. 고구마는 되도록 밤고구마를 선택하고 완전히 익히지 말고 씹히는 감이 생길 정도로만 익혀주는 것이 좋다.

2 ①에 Ⓑ를 넣고 믹스한다. 메이플시럽 대신 유기농설탕이나 꿀을 사용해도 무방하다.

3 사각케이크 틀에 ②의 내용물을 넣고 토핑물을 얹어준다.

4 180℃ 오븐에서 20분간 굽는다. 오븐에서 나온 즉시 레몬즙을 뿌리고 냉장고에서 30분 정도 식힌다. 식힌 다음 커팅한다.

* 케이크를 구운 후 레몬즙을 뿌리면 고구마의 단맛이 살아나고 레몬향이 오래도록 남아 있어 디저트로 즐기기에도 좋다.

레드엔젤 Tip

버터나 설탕을 사용하지 않고 케이크 같은 서양의 단과자를 만들기 위해서는 고구마, 감자, 토란, 마처럼 탄수화물이 많은 작물을 이용하거나 단호박이나 두부 등을 이용해도 좋다. 수분기가 많은 경우에는 밀가루를 첨가해주며 단맛은 순수 식재료의 단맛을 그대로 이용한다. 강한 단맛을 원할 때는 메이플시럽을 이용한다거나 유기농 황설탕을 이용하면 좋다. 일본된장은 적절한 짠맛과 단맛이 조화가 되어있기 때문에 설탕과 소금의 사용에 주의한다.

고구마와 참깨를 이용한 비스킷

밀가루 양을 최소화하여 만들어낸 자연식 비스킷으로, 색다른 고구마 응용 요리이다.
녹차나 홍차와 함께 곁들여 내면 좋은 간식이다.

재 료_

고구마	2개	올리브유	3큰술
참깨	4큰술	시나몬 가루	1작은술
일본 흰된장	1큰술	메이플시럽	2큰술
박력분	1컵	레몬즙	1큰술

● **고구마**
칼로리가 적을 뿐 아니라 위장에 머무는 시간이 길어서 공복감을 없애주므로 다이어트에 좋은 식품이다. 또한 고구마의 비타민 A는 세포가 노화하는 것을 막아주므로 노화 예방에 도움이 된다.
카로틴(비타민 A), 베타카로틴, 식이섬유, 폴리페놀 등이 풍부하다. 고구마를 자르면 단면에 생기는 하얀 우유 같은 점액질 성분은 에라민이라는 완하제(변을 무르게 하거나 설사시키는 약)로 심한 변비에 효과적이다. 또한 몸에 과다 축적된 나트륨을 몸 밖으로 배출하여 고혈압을 예방하기도 한다.

만 들 기_

1 고구마를 쪄낸 다음 레몬즙을 뿌리고 참깨, 일본 된장, 메이플시럽을 넣고 반죽한다.

2 볶아낸 박력분에 올리브유를 첨가하고 준비된 ①의 재료를 섞어 준다.

3 ②의 반죽과 ①의 반죽을 섞는다. 섞은 반죽은 잘 치대가면서 가래떡 모양으로 길고 둥글게 반죽을 성형한다.

4 성형한 뒤 냉동실에서 30분 정도 반죽을 굳힌다.

5 ④의 반죽이 단단해지면 칼로 썬 다음 180℃ 오븐에서 15분간 굽는다.

레드엔젤 Tip

비스킷을 만들때 일본된장은 짜지 않고 단맛이 강한 흰 된장을 고르도록 한다. 한국 된장보다는 단과자류를 만들기에는 일본 된장이 부드럽고 순해서 더 좋다.

밤만주

흰앙금이나 노른자를 거의 사용하지 않고 천연 밤과 고구마, 단호박만을 이용해서 만들어낸 영양 만점 간식이다.

재 료_

만주 소 재료

고구마 ···················· 1개
밤 ···················· 10알
단호박 ···················· 1/5개
메이플시럽 ···················· 2큰술
레몬즙 ···················· 1큰술
소금 약간

겉피 재료

박력분 ···················· 1컵
올리브유 ···················· 4~5큰술
소금 약간

그 외 재료

달걀물(달걀 1개+물 3큰술 정도), 검은깨 조금

만 들 기_

1 만주소 만들기 :
고구마, 밤, 단호박은 쪄낸 다음 으깬다(껍질은 모두 벗겨). 으깬 후 레몬즙과 메이플시럽을 넣고 소금간을 한다.

2 겉피 만들기 :
볶아낸 박력분에 올리브유를 첨가한 뒤 반죽하여 얇게 밀어준다.

3 만주 만들기 :
②의 반죽은 7×7cm 정도로 자른다. ①의 소는 30g정도로 띄어서 타원형으로 만든다. 자른 사각반죽 위에 소를 넣고 마무리해 준다.

4 팬위에 만든 ③의 만주를 놓고 달걀물을 칠한 뒤 검은깨를 얹어 190℃ 오븐에서 10분간 굽는다.

● **만주_ まんじゅう**
밀가루나 쌀가루를 이용하여 반죽을 만들고, 반죽에 소를 넣고서 구운 과자.

● **밤**
탄수화물, 지방, 단백질, 비타민, 미네랄 등 5대 영양소를 두루 갖춘 완전식품이다. 비타민 B_1의 함량이 쌀의 4배, 비타민 C는 토마토와 맞먹을 정도로 함유되어 있다. 양질의 단백질과 식물성 불포화지방산이 풍부한데, 양질의 불포화지방산은 콜레스테롤을 감소시켜 심장병 예방에 효과가 있다.

레드엔젤 Tip

반죽에 버터를 넣지 않고 올리브유를 이용해서 만들었기 때문에 칼로리가 낮고 담백한 밤 만주를 만들수 있다.

연근 케이크

연근의 씹히는 맛과 일본 된장 소스, 야채의 단맛이 적절히 조화되어 있는 영양만점 케이크.
오후 티타임에 가볍게 즐기기에 좋은 강추 메뉴.

재료_

연근 ········· 1/2개
양파 ········· 11개(작은것)
양송이버섯 ········· 10개
생표고버섯 ········· 5장
다진 마늘 ········· 2큰술
올리브유 ········· 4큰술
그린 또는 블랙올리브 ········· 3알
소금
후추

케이크반죽소스
올리브 10개, 호두 5알, 일본 된장 1큰술, 소금 1/2작은술, 후추, 밀가루 1컵, 빵가루 1/2컵

만들기_

1 야채류 다져서 볶기 :
팬에 올리브유를 두르고 다진 마늘을 넣은 다음 다진 연근, 양파, 양송이버섯, 표고버섯을 넣고 함께 볶아주면서 소금과 후추로 간한다.
연근은 되도록 잘게 다져서 준비하고 나머지 버섯류도 다져준다.
* 버섯류는 볶고 나면 수분이 빠져서 크기가 줄어들기 때문에 처음부터 너무 잘게 다지지 않도록 한다.

2 볼에 ①을 넣고 케이크 반죽 소스 재료를 넣고 혼합한다.
* 잣과 호두는 다져 팬에 한번 볶아 준비해 둔다. 올리브는 다진 다음 수분기를 제거한다.

3 둥근 케이크 팬에 오븐 시트를 깔고 180℃ 오븐에서 40분간 굽는다.

4 ③의 케이크는 냉장고에서 1시간 정도 굳힌다. 식은 케이크는 올리브를 토핑으로 얹어 마무리한다.

● 연근
체력을 좋게 하고 면역력을 키워 감기 예방에 좋다. 꾸준히 먹으면 장을 튼튼하게 하고 체내 콜레스테롤 수치를 떨어뜨리고 설사를 멈추는 데도 효과가 있다. 칼륨, 칼슘, 인, 나트륨이 풍부하고 비타민 C 함유량은 레몬과 비슷하다. 연근은 마디의 구분이 확실하고 짧은 것을 고른다. 마디 사이가 길고 가는 것은 질기고 맛이 없다. 담황색 껍질에 얼룩이나 상처가 없고 깨끗한 것이 신선한 연근이다. 껍질을 벗겨서 판매하는 것은 표백제로 색을 낸 경우가 많으므로 되도록 껍질을 벗겨내지 않은 것을 구입하는 것이 좋다. 필러로 얇게 껍질을 벗긴 뒤 식초물에 담그면 색이 변하는 것도 막을 수 있고, 아린맛도 없앨 수 있다.

● 생표고
생표고는 갓이 적당히 퍼져 있고 살이 두툼하며 줄기가 통통하고 짧은 것이 맛이 좋고 영양이 풍부하다. 케이크를 만들 때는 말린 표고버섯 보다는 생표고를 선택하는 것이 좋다.

레드엔젤 Tip

수분기가 많을 때는 밀가루를 많이 첨가하는 것보다 빵가루를 첨가하여 여분의 수분을 잡도록 한다.

완두콩을 이용한 영양카스텔라

변비예방에 좋은 완두콩을 이용하여 분위기 있는 영양 케이크를 만들어 보자.
완두콩과 찰현미밥의 조화가 일품이다.

재료_

완두콩 2컵
생표고 5장
참기름 2작은술
현미밥 1/2컵
밀가루 4큰술
생강 다진 것 1작은술
소금 조금

일본 된장을 이용한 소스
일본 된장 3큰술, 참기름 1작은술, 단술(막걸리) 2큰술, 불에 구워 다진 아몬드 2큰술

● **카스텔라_** castella
거품을 낸 달걀에 밀가루, 설탕 등을 버무려 구운 과자. 스페인의 옛 지방인 카스티야를 포르투갈어로 읽은 것이다.

만들기_

1 표고버섯 볶기 : 프라이팬에 참기름을 두르고 다진 생강을 넣고 향을 낸 다음, 다진 표고버섯을 넣고 볶으면서 소금간을 한다.
＊올리브유를 사용하는 것보다 참기름과 함께 생강을 볶게 되면 생강향이 순해지면서 맛이 잘 어우러진다.

2 기초 반죽 만들기 : 일본 된장 소스를 만들어 ①과 믹스한다.

3 완두콩은 삶아서 물기를 제거한 뒤 다져놓는다.
＊완두콩은 끓는 물에 삶아내고 껍질은 제거한다. 통조림 완두콩의 경우는 오래 삶아야 물러진다.

4 반죽 완성하기 : 일본 된장과 믹스된 반죽에 완두콩을 넣고, 분량의 올리브유를 첨가하여 부드럽게 한다. 이때 잘 지어진 현미밥과 밀가루를 넣어 반죽을 완성한다.
＊현미밥이 없는 경우는 쌀보다는 씹히는 감이 있는 곡물류(보리, 율무 등)를 이용해도 좋다.

5 오븐에 굽기 : 완성한 ④의 반죽은 케이크 틀에 맞추어 넣고 170℃ 오븐에서 20분간 윗부분이 먹기 좋은 색깔이 될 때까지 구워준다.
＊모두 익힌 내용물이므로 색만 나게 오븐에서 굽도록 한다.

6 베이킹 후에는 반드시 냉장에서 식힌 다음 썰도록 한다.

레드엔젤 Tip

생강은 이 요리에서 꼭 필요한 식재료이며 기호에 따라 생강 양을 늘리도록 한다. 또한 현미쌀의 고소하게 씹히는 느낌이 이 요리의 키포인트이므로 반드시 거칠게 씹히는 감이 있는 곡물류를 선택한다.

완두콩 크림과 찹쌀 경단

잘 으깬 완두콩과 두유가 어우러진 부드러운 크림타입의 수프와 찹쌀경단이 만난 특별한 별미로, 어르신께 대접하기에 안성맞춤 메뉴. 고명으로 단팥앙금이나 단팥조림을 함께 곁들이면 더욱 맛있다.

재 료 _

완두콩크림 재료

완두콩 ··············· 1캔
두유 ··············· 1/2컵
유기농설탕(메이플시럽, 일반 설탕도 가능) ··············· 4큰술
연두부 ··············· 1/3모
소금 ··············· 약간

당고 재료

찹쌀가루 ··············· 1컵
소금 약간

● 완두콩
칼슘, 칼륨, 인이 다량 함유되어 있으며 비타민 A, C가 풍부하다. 꾸준히 먹으면 위장을 튼튼하게 해주고 변비를 해소하며 동맥경화를 예방한다. 탄수화물 대사를 순조롭게 도와주므로 밥을 지을 때 쌀과 함께 넣어 먹으면 좋다. 완두콩밥을 지을 때는 끓는 물에 데쳐서 밥을 뜸 들일 때 완두콩을 얹어낸다. 완두콩을 데칠 때 비타민 손실을 줄이려면 소금을 약간 넣고 재빨리 건져내는 것이 좋다. 완두콩은 모양이 일정하고 탄력이 있으며 녹색이 짙은 것을 고른다.

만 들 기 _

1 쪄서 껍질 벗겨낸 완두콩과 완두콩 조림재료를 넣고 믹서기에 간다.
* 분마기가 있으면 분마기에 갈아도 무방하다.
* 완두콩 삶는 방법은 159쪽 참조.

2 찹쌀가루에 끓는 물을 한두 스푼 넣고 반죽덩어리를 완성한다.
* 반죽이 너무 무르면 경단이 제대로 만들어지지 않으므로 조금 단단하게 반죽한다.

3 반죽을 사방 1cm 정도로 떼어서 경단을 만든다. 만든 경단은 끓는 물에 소금을 넣고 한번 익혀낸다.
* 물 위에 떠오르면 익은 것이다.

4 만들어진 경단과 ①의 완두콩크림을 섞어 낸다.

레드엔젤 Tip

기호에 따라 단팥이나 생크림 휘핑을 함께 얹어 먹어도 좋다. 이 요리의 키포인트는 100%의 완두콩 크림을 만들어내는 것이다. 완두콩크림의 분량을 제대로 맞추어 가면서 맛난 크림을 만들어서 사계절 디저트로 활용해 보자.

머시룸 & 사과카푸치노

강추 레시피 중의 하나로 남녀노소 불문하고 누구나 좋아할 수 있으며 손쉽게 만들 수 있는 건강 음료.
머시룸의 고소함과 사과의 풋풋한 향, 달콤한 두유의 풍부함이 마치 시나몬 카푸치노 한 잔을 마시는 것 같다.

재료_

양송이	6개	메이플시럽	4큰술
사과	1개	소금	조금
올리브유	1큰술	레몬즙	조금
두유	3컵	시나몬 스틱	적량
시나몬가루	1작은술		

만들기_

1 양송이는 껍질째 슬라이스한다. 사과는 얇게 썰어 준비한다.

2 팬에 올리브유를 이용하여 양송이를 약한불에서 볶는다. 양송이가 물러지면 사과를 넣고 소금간을 한 다음, 양송이와 함께 볶아낸다.

* 비타민C가 빨리 파괴되지 않도록 되도록 약한불에서 천천히 볶아주고, 연해지면 불을 끈다.

3 두유는 뜨겁게 데워 놓는다.

4 믹서기에 뜨거운 두유와 볶아낸 ②의 양송이와 사과, 메이플시럽과 시나몬 가루, 레몬즙을 넣어 함께 갈아 낸다.

* 시나몬 스틱을 준비하여 곁들이거나, 시나몬가루에 설탕을 섞어 기호에 따라 첨가해주면 더욱 좋다.

● 사과
사과의 페놀 및 플라보노이드 성분은 건강에 해로운 중성지방(비만인 경우 체내 많이 축적된다)을 감소시키는 효과가 있다. 혈당을 안정시켜 당뇨에도 도움이 된다.
사과 1개의 열량은 약 80kcal. 따라서 식후에 사과를 과식하면 살이 찔 수도 있다. 다이어트를 위해 사과를 먹을 땐 주스로 먹지 말고 생으로 먹는 것이 효과적이다. 사과의 껍질에는 펙틴이 풍부한데, 이는 체내 콜레스테롤을 제거해주므로 사과는 껍질째 먹는다.

● 양송이버섯
단백질 함유량이 높고 각종 아미노산이 함유되어 있다. 조리하지 않고 날로 먹을 수 있는 유일한 버섯이다. 고기처럼 씹히는 특유의 맛이 입맛을 살려준다. 몸이 나른해지는 것을 방지하고 구내염, 각막염, 머리 비듬, 피부 거칠음, 고혈압 등에 효과가 있다. 갓이 너무 벌어져 있지 않으며 둥글고 단단한 것, 기둥이 짧고 통통한 것이 좋다. 갓이 깨끗한 것은 면보로 먼지를 털어내고 바로 먹을 수 있다.

레드엔젤 Tip

마치 카푸치노처럼 기포가 엄청 올라와서 카푸치노란 말을 붙여 보았다. 이런 거품의 부드러움을 느끼기 위해서는 반드시 두유를 뜨겁게 데워주워야 오래 간다. 특히 시나몬향은 이 음료의 키포인트로 꼭 넣어준다.

과일칩스 만들기

간단하게 즐길 수 있는 초간단 과일칩스Fruits Chips를 만들어보자. 심심할 때 작은 지퍼팩에서 꺼내 먹는 핸드메이드 칩스는 왠지 엣지 있고 센스 있는 여성에게 잘 어울릴 것 같다. 아이들 간식이나 성인병예방에 좋은 간식으로 강추 매뉴.

재 료_

사과	1개	감	1개
배	1개	유기농설탕	3큰술

만 들 기_

1 사과, 배, 감을 깨끗이 씻어서 물기를 닦는다. 껍질이 있는 과일의 경우는 소금물이나 식초물에 씻어주면 더욱 안전하다.

2 배와 감은 껍질을 벗기고, 사과는 껍질째 자른 후 씨를 도려낸다. 씨를 제거한 사과, 배, 감을 얇게 슬라이스한다.

3 ③에 유기농 설탕을 살짝 뿌려준다.

4 건조기에서는 3시간 정도, 오븐에서는 120℃에서 30분 정도 말린다.
* 오븐에 구울 때는 올리브유를 살짝 뿌려줘도 좋다. 또 기호에 따라 시나몬가루를 뿌려줘도 좋다.

● 배

탄수화물과 과당, 포도당, 식이섬유 함량이 높다. 구연산이 풍부해서 체내 피로물질을 없애주며 아스파라긴산이 간장 활동을 촉진해서 술과 함께 배를 먹으면 알코올을 빠르게 분해한다. 배에 들어있는 폴리페놀, 플라보노이드 성분은 생체 내 면역기능을 강화해주어 암을 예방하는 효과가 있다.

● 단감

당분과 열량이 높은 과일로, 100g당 60kcal에 달한다. 탄닌 성분 때문에 떫은맛이 나는데, 탄닌은 적당한 섭취하면 위장을 자극해 소화를 잘되게 한다. 비타민 C 함유량이 귤의 2배, 사과의 6배나 되며 갈증해소, 피로회복에 좋다. 몸 안에 흡수된 알코올 성분을 빨리 산화시키므로 숙취해소에도 도움이 된다.

레드엔젤 Tip

설탕과 함께 레몬즙을 전체적으로 살짝 뿌려주면 과일의 향과 단맛이 살아나서 더욱 새콤달콤한 맛을 즐길 수 있다.

과일 슬러시

천연과일의 맛과 향을 살린 슬러시는 아침 공복 시 먹으면 포만감이 오래도록 지속되며 먹는 순간 신선한 과일향으로 기분까지 맑아진다.

● 참마
껍질은 황갈색이지만 속은 유백색으로, 끈끈한 점질 다당류를 다량 함유하고 있다. 마의 점액질은 당뇨나 변비에 효과가 좋을 뿐 아니라 대표적인 자양강장 식품이기도 하다. 혈중 콜레스테롤과 중성지방 함량을 낮춰주므로 동맥경화 예방에 좋다.

재 료_

당근 1개
사과 1개
마(작은 것) 1개
유자청 2큰술
(홍시나 딸기 등 기호에 맞는 과일을 첨가한다. 단 바나나는 제외)

만 들 기_

1 모든 야채와 과일을 깨끗이 씻은 다음 적당한 크기로 잘라 준비한다.

2 믹서기에 모든재료를 넣고 갈아준다.
* 당근은 수분량이 적기 때문에 별도로 갈아주고 나머지 재료와 섞어서 준비하는 것이 좋다.
* 단맛은 유자청이나 또는 기호에 따라 요구르트 등을 넣어서 약간의 맛을 증가해 줘도 좋다.

레드엔젤 Tip

변비가 있는 사람은 홍시 대신 다른 과일을 넣도록 한다. 키위나 파인애플, 멜론보다는 사과, 배, 감 등이 맛이 더 상큼하고 좋다.